Die Deutsche Bibliothek – CIP-Einheitsaufnahme

Brunken, Ingmar und Brunken, Elisabeth:
Salsa – Das Tanzbuch: Schritte, Folgen und Szenetipps für Anfänger und
Fortgeschrittene / Ingmar Brunken und Elisabeth Brunken. – 1. Aufl. – Nideggen :
Brunken, 2001 (Norderstedt : Libri Books on Demand)

ISBN 3-8311-2646-1

1. Auflage 2001

© 2001 Ingmar Brunken, Nideggen
Kontaktaufnahme über E-Mail:
brunken@im-pc.net
ingmar@brunken.net
ingmar.brunken@web.de

Herstellung:
Books on Demand GmbH

ISBN 3-8311-2646-1

Elisabeth und Ingmar Brunken

Salsa – Das Tanzbuch

Schritte, Folgen und Szenetipps
für Anfänger und Fortgeschrittene

Mit 68 Fotos und 176 Abbildungen

Ingmar und Elisabeth Brunken waren lange Zeit Showtänzer in lateinamerikanischen Showtanz-formationen und als Showpaar. Schon vor 15 Jahren haben sie Mambo und Salsa getanzt, als Europa noch Lichtjahre vom "Zeitalter der Salsa" entfernt war. In ihrer Tanzschule in Heimbach und Jülich unterrichten Elisabeth und Ingmar seit mehr als 15 Jahren. Mehr als 5.000 Menschen haben bei ihnen schon "die ersten Schritte" gelernt. Davon profitiert im höchsten Maße das vorliegende Buch, das durchsetzt ist von nützlichen Tips und Tricks, und das gleichzeitig systematisch struktu-riert in Erklärungen, Grafiken und zahlreichen Fotos die Schritte und Figuren vorstellt. Ihre jahrzehntelange Unter-richtserfahrung haben sie in dieses Buch einfließen lassen.

Seit zwei Jahren pendeln Elisabeth und Ingmar zwischen Deutschland und Spanien. In der alten, mit Kuba eng verbundenen Handelsstadt Torrevieja südlich von Alicante tanzen und lehren sie Salsa und Merengue – und holen sich Anregungen und Ideen aus der spanischen Salsa-Szene.

Ihr Hobby ist es, neue Salsa-Figuren zu erfinden und damit andere Salseros zum Nachtanzen zu bewegen.

Elisabeth und Ingmar per E-Mail:
brunken@im-pc.net** oder **ingmar@brunken.net

<u>Vorwort</u>

Lieber Leser, lieber Tänzer,

Salsa ist Boom. Salsa ist Kult. Wer nicht mitmacht, verpasst das schönste, intensivste Lebensgefühl – nur die Liebe ausgenommen.

Hunderte von Salseros tummeln sich in Parties, Fiestas. Noches Tropicales. Wer nicht Tanzen kann, fühlt sich ausgeschlossen. Komisch eigentlich, dass es nicht schon längst mehr Bücher über Salsa-Tanzen gibt.

Dieses Buch soll einen ersten Einstieg ermöglichen und ein hilfreiches Nachschlagewerk sein. Es kann aber weder Praxis noch einen Tanzpartner ersetzen!

Salseros und Salseras – so nennen sich die Salsa-Tänzer und -Tänzerinnen. Wir duzen uns, und wir teilen eine gemeinsame Leidenschaft: Musik und Tanz.

Herzlich Willkommen im Club!

Inhaltsverzeichnis

Einführung
Salsa –
pikante Soße aus Tanz, Musik und Gefühl

Was ist "Salsa"? Darauf gibt es je nach Perspektive viele und wenige Antworten zugleich. In dieser Feststellung kommt schon das Wesen der Salsa zum Ausdruck: Salsa ist Spanisch und heißt "Soße". Da das deutsche Wort "Soße" im Femininum steht, sprechen wir auch von *die* Salsa. Vielleicht wäre die beste deutsche Übersetzung aber vielmehr "Mischmasch". Das nämlich ist Salsa: Ein Mischmasch aus Musik, ein Sammelsurium von Tanzschritten aus unterschiedlichen Einflüssen und schließlich ein Kaleidoskop aus Gefühlen, Kulturen, Nationen, Hautfarben und Sprachen!

Wenn Du auf Deine erste Salsa-Party gehst oder bereits Salsero bist, kannst Du das nachvollziehen. Denn Salsa-Parties sind anders. Sie sind wilder, romantischer, ekstatischer und verrückter, mit einem Wort: besser! Du wirst dutzende von Hautfarben sehen, selbst wenn die Party im hintersten bayrischen Dorf läuft. Du wirst viele Sprachen hören, mindestens Deutsch und Spanisch. Du wirst alle Gesellschaftsschichten finden: Ältere, graumelierte Herren mit Schnurrbart, Hut und Nadelstreifenanzug – vielleicht mit Zigarre. Kleine rundliche Indios. Schlanke, tanzbegeisterte Latinos. Schwarze, athletische Salseros, Models mit Rassefigur und knappem Top, Nachtschwärmer mit Pferdezopf. Dazu gibt es feurige Cocktails: "Caipirinha" aus Brasilien - Zuckerrohrschnaps mit Rohrzucker, Eis und frischen Limonen. Oder die kubanische Variante dazu: "Mojito" (sprich: MO-CHI-TO mit "ch" wie in "Buch") mit

Rum anstatt Zuckerrohrschnaps. Vielleicht mexikanisches Bier. "Piña Colada". Oder "Cuba Libre" (Cola mit Rum).

Kurz – Salsa vereint Spaß, Feuer, Liebe und Toleranz. In Salsa vereint sich die Welt in Musik und Tanz zum einzigartigen Lebensgefühl. Wer dies versteht und liebt, der wird schnell Salsa tanzen lernen und dieser Lebenseinstellung für immer verfallen sein.

Dies ist also gleichzeitig eine Warnung!

Wenn Du dieses Buch liest und weiter gehst auf dem Weg, Salsa zu lernen, dann kann es sein, dass dies Dein Leben verändern wird: Das Wort "leben" wird eine ungeahnte, reichhaltigere Bedeutung bekommen. Du wirst ungeahnte Bekanntschaften machen, ungewohnte Gefühle fühlen und unwahrscheinlichen Spaß haben. Aber Zeit wird eine neue Bedeutung bekommen, Du wirst süchtig nach Musik und Tanz, das deutsche Wetter wird Dir noch mehr auf den Wecker fallen als schon sowieso, und vielleicht wirst Du plötzlich merken, dass Du zum "Salsero", zum leidenschaftlichen Salsa-Tänzer geworden bist. Dann wirst Du vielleicht nach Spanien gehen oder nach Südamerika. Oder einfach nur in Deinen Salsa-Club. Tolle Salsa-Clubs, in denen man sich für ein paar Stunden in den Süden versetzen kann, gibt es mittlerweile in jeder größeren deutschen Stadt.

Eins haben wir noch verschwiegen: Salsa ist eine Seuche, und sie breitet sich wie ein Flächenbrand über die ganze Welt aus. Hast Du Dich angesteckt?

Dann ist es zu spät: Höre auf zu denken wie ein Kaltwetterfrosch und beginne zu fühlen wie ein Tropenvogel! Tanze SALSA!

Elisabeth und Ingmar Brunken

Sonne und Süden:
Herkunft und Geschichte der Salsa

Nach dem II. Weltkrieg kamen zahlreiche Latinos als Emigranten aus Kuba, Puerto Rico, Kolumbien und Venezuela nach Nordamerika. Die meisten von ihnen kamen auch nach New York, dem "Tor" der Vereinigten Staaten von Amerika. In ihrem Gepäck brachten sie ihre eigene Musik mit.

In dieser Musik gab es eine enorme Anzahl von Stilrichtungen und sie trugen unzählige unterschiedliche Namen. Die Kubaner zum Beispiel tanzen Son, Guaracha, Rumba und Danzon. Etwas später wurden Mambo und Cha-Cha-Cha populär. Die Puertoricaner spielten Seis, Bomba und Plena. Natürlich kam es oft vor, dass diese unterschiedlichen Musikrichtungen in gemeinsamen Sessions vermischt wurden. Um sich in diesem Dschungel aus Traditionen, Rhythmen und Tanzschritten zurechtzufinden, musste ein gemeinsames Verständnis entstehen, dass sich auch in neuen Begriffen ausdrückte.

Diesen Mischmasch umgangssprachlich als "Soße" (Salsa) zu bezeichnen, liegt nahe. Aus dem täglichen Gebrauch wurde eine akzeptierte Bezeichnung für lateinamerikanische Rhythmen und Tanzschritte. An dieser Entstehungs-geschichte wird auch verständlich, warum die Salsa niemals trennte zwischen Musik, Tanz und Lebensgefühl: Es gehört alles zusammen. Und das ist bis heute so geblieben. Im Laufe der Zeit bildete sich aus dem Mischmasch eine neue, eigenständige Musikrichtung. Das geschah unter dem Einfluß legendärer Musiker, die Salsa-Musik spielten und großen Erfolg hatten. In den 70er Jahren war es das populäre

Musik-Label "Fania" in New York, das Salsa-Titel von Celia Cruz, Willy Colon, Tito Puente, Ruben Blades und Ismael Miranda veröffentlichte. So wurde El Barrio, das lateinamerikanische Viertel in New York, zur Keimzelle der modernen Salsa.

Doch nicht nur in Amerika wurde Salsa ein Begriff. Emigranten gingen auch in andere Länder oder verließen New York wieder und kamen natürlich auch nach Europa. Immer jedoch blieb Salsa besonders stark von kubanischer Rhythmik inspiriert, weil Kuba durch seine Kolonisation schon sehr früh unterschiedlichen Einflüssen unterworfen war. Die Emigranten aus Kuba waren sozusagen Kolonisten in zweiter Generation. Die Spanier kamen aus Europa und brachten eine stolze und ausgepägte Musiktradition mit. Die afrikanischen Sklaven ergänzten diese Musik mit Trommeln und Percussion. Die Spanier und andere Europäer wiederum kannten andere Musikinstrumente wie Gitarre, Klavier und verschiedene Arten von Blasinstrumenten., und die Afrikaner nutzten diese zu völlig neuen Interpretationen.

Außerdem erwies es sich als Glücksfall, dass die Spanier nach fast 700 Jahren maurischer, also arabischer Herrschaft in Andalusien selbst schon multikulturelle Klänge einbrachten. Somit ist Salsa schließlich eine und vielleicht bis heute die einzige wirkliche weltweite Musikrichtung geworden: Drei Generationen zurück über die Spanier inspiriert von orientalischen Klängen, zwei Generationen zurück von afrikanischer Rhythmik und europäischen Melodien in der spanischsprachigen Karibik und schließlich heute wie ein Bumerang zurückgeschwappt nach Amerika und Europa.

Für die Salsa als Tanz war die Popularität des Mambo in den 40er Jahren eine wichtige Entwicklung. Der Mambo war eine Verbindung von afro-kubanischen Rhythmen mit dem damals neuen Big-Band-Sound der Swing-Ära. Obwohl Bands in Kuba wie z.B. Orquestra Riverside bereits Mambo spielten, war es der kubanische Bandleader Pérez Prado, der als Erfinder des modernen Mambo gilt. Pérez lebte viele Jahre in Mexiko und anderen Ländern außerhalb der Karibik und brachte so den Sound der Karibik in die Neue Welt und so auch nach Europa. Beny Moré, ein weiterer legendärer Mambo-Musiker, kombinierte Mambo mit Son und Guaracha (einem Tanz in schnellem Rhythmus). Im New York City der 50er Jahre erreichte Mambo seinen Höhepunkt. Hier spielten Bands wie Machito oder die Puertoricaner Tito Puente und Tito Rodriguez, die auch Jazz-Einflüsse verarbeiteten und Instrumentalsolos einführten, die auch viele moderne Salsas haben. Salsa-Musik hatte sich von den karibischen Inseln gelöst und begann nun ein Eigenleben in allen Ländern der Welt mit Schwerpunkten in Lateinamerika, Nordamerika und Europa. In der 60er Jahren gab es dann einen ersten Salsa-Boom, in den 80er Jahren eine kurze Mambo-Mode, die durch die Filme "Mambo King" und "Dirty Dancing" ausgelöst wurde. Die Filme hatten auch einen Einfluß auf den Tanz, weil der Grundschritt damit international verbreitet und - zumindest für kurze Zeit - standardisiert wurde. Der Mambo ist vom Tanz her heute mit Salsa im New Yorker Stil identisch. Aber auch musikalisch sind Mambo und Salsa Zwillinge. Tito Puente, der große Salsa-Musiker, findet dafür eine treffende Bemerkung: "Salsa heißt Soße, aber den Leuten gefällt es halt, den Mambo so zu nennen". Die Standardisierung hat aber nicht lange angehalten, und heute wirbeln Stil- und Schrittbezeichnungen wieder wild durcheinander: Weder die Namen der Figuren noch die der Stilrichtungen sind einheitlich, und jeder Tanzlehrer hat andere Namen und Bezeichnungen. Leider gibt es auch Tanzlehrer (zu denen wir nicht gehören), die ihre eigenen Bezeichnungen für die einzig richtigen halten.

In Deutschland wird "Salsa" gerne auch als Oberbegriff für verwandte Tänze und Musikrichtungen verwendet. In kaum einer Tanzbar oder Salsaparty wird nur Salsa im engeren Sinn getanzt und gespielt. Fast immer gehören auch Cumbia und Merengue dazu, und als Abwechslung gibt es zwischendurch auch immer mal einen Modetanz wie z.B. Maneito oder Macarena.

Ein Ende des weltweiten Booms, der in den 90er Jahren begonnen hat, ist nicht abzusehen. Salsa-Tanzschulen schießen in Amerika und Europa wie Pilze aus dem Boden (in der Karibik gibt es sie sowieso schon), und die Charts quellen über vor Latino-Rhythmen.

Offenbar also kann die Verwirrung um Namen und Bezeichnungen eines nicht stoppen: Den Siegeszug der Salsa um die Welt als Tanz und Musik, die Kulturen und Sprachen, Hautfarben und Nationalitäten verbindet. Vielleicht ist der Name auch hier Programm: Mischmasch tanzen für Mischmasch-Menschen!

Heiße Rhythmen:
Wie Du gute Salsa-Musik erkennst

Viele Sprachlehrer sagen, dass eine Sprache lernen auch die Kultur verstehen heißt: Du lernst, in der Sprache zu denken. Genauso ist es mit Musik und Tanz. Wenn Du die musikalischen Wurzeln verstehst, kannst Du den Tanz "fühlen".

Woher also kommt Salsa als Musik?

Kubanische Bands benutzen die Bezeichnung "Salsa" für ruhige Stücke (dem sogenannten "Montuno"-Teil), die in der Regel nach einem Höhepunkt besonders schneller und lauter Arrangements folgen. Durch diese Abwechslung bekommt Salsa die Rolle von etwas Besonderem, Außergewöhnlichem, wie einer Soße zu einem guten Essen (eine weitere schöne Interpretation des Begriffes "Salsa" also).

Im Sinne der weltweiten Salsa-Welle bezeichnet Salsa aber eine Musikrichtung, die viele Stile vereint und dennoch feste Erkennungsmerkmale trägt. Um diese zu verstehen, ist es sehr nützlich, etwas von der musikalischen Herkunft von Salsa zu wissen.

Die musikalische Wurzel der Salsa ist der kubanische "Son". Son ist der König der populären Musik in Kuba gewesen (und ist es dort teilweise heute noch) und entstand Ende des 19. Jahrhunderts im "Oriente", dem Osten Kubas, als eine Art kubanischer Blues. Die wichtigste Stadt in dieser Region ist Santiago de Cuba, die einstige Hauptstadt. Der traditionelle Son wird auf der Tres (Gitarre), der Marimbula (Holzschachtel mit Metallplatten) oder Kontrabaß, den Bongos (zwei kleine Trommeln) und den Claves (zwei kleine Holzstäbe) gespielt.

Später kamen Maracas und Trompete hinzu. Die Claves trugen einen speziellen Rhythmus bei, der anstatt des üblichen 4/4 Taktes im 8/8 Takt stand und so über jeweils 2 4/4-Takte synkopierte Rhythmusversetzungen ermöglichte. Dieser Rhythmus begründete die Basis für die populäre kubanische Tanzmusik und ist bis heute Markenzeichen des Latino-Sounds. Große Namen des traditionellen kubanischen Son sind Ignacio Pineiro, Miguel Matamores und Arsenio Rodriguez. Der Son ist Ausdruck der kubanischen Seele in seiner Kombination aus Musik, Tanz und Poesie. In Santiago de Cuba gibt es noch heute die "Casa de la Trova", einem Tanzlokal, in dem der traditionelle Son gespielt wird und berühmte Son-Musiker auftreten, zum Beispiel Quatro Patria oder Sierra Maestra.

Son ist nicht nur eine wichtige Wurzel der Salsa, er entwickelt sich auch selbst noch weiter. Künstler wie Alberto Alvarez und Isaac Delgado spielen heute eine moderne Variante des traditionellen Son.

Kubanische Musiker brachten den Son also in den 40er und 50er Jahren nach Amerika und Europa, wo er sich mit der Musik vor allem der Puertoricaner und anderer lateinamerikanischer Emigranten verband und - mit elektronischen Musikinstrumenten weiter angereichert - zur Salsa wurde. So entwickelten sich je nach dominantem Einfluß unterschiedliche Stilrichtungen der Salsa. Schon an der Musik kann man erkennen, ob die Salsa aus Puerto Rico, Kuba, Nordamerika oder anderen Ländern kommt.

Wie wir an der Geschichte der Salsa gesehen haben, ist das lateinamerikanische Viertel New Yorks, "El Barrio", eine Keimzelle der modernen Salsa. "Barrios" heißen aber auch die Armenviertel der lateinamerikanischen Großstädte, und dies sagt viel aus über das Lebensgefühl, das in der Salsa steckt: Salsa ist eine ursprünglich sehr sozial und politisch engagierte Musik, wie man auch an den Texten erkennen kann. Da ist von Diskriminierung, Armut, sozialer Ungerechtigkeit und Trostlosigkeit die Rede. Willie Colón und Ruben Blades gehören zu den wenigen Künstlern, die auch heute noch engagierte Texte zu ihren Liedern schreiben, während aber heute auch die Herzschmerz-Inhalte oft vorkommen. Diese neuere Phase der Salsa hat eine eigene Bezeichnung bekommen: "Salsa Romantica" oder in der letzten Zeit sogar "Salsa Erotica" für die ganz heißen Nummern.

Salsa-Orchester kommen längst nicht mehr immer aus der Karibik oder auch nur aus Lateinmerika oder New York. Es gibt ein bekanntes japanisches Salsa-Orchester (Orquestra de la Luz), und auch in Deutschland gibt es einige bekannte und auch gute Salsa-Bands: Conexion Latina, Salsa Picante, Ritmo y Clave, Salsa Caliente, um nur einige zu nennen.

Für unsere Zwecke gibt es zwei wichtige Eigenschaften, die eine gute Salsa auszeichnen:

- sie muss sich gut anhören (das ist Geschmackssache) und
- sie muss tanzbar sein (das können wir objektiv beurteilen).

Wenn wir uns auf den zweiten Punkt konzentrieren, gibt es einige Voraussetzungen, die eine tanzbare Salsa erfüllen muss:

1. Tempo: sie darf nicht zu schnell und nicht zu langsam sein.

2. Rhythmus / Artikulation: sie sollte die Claves-Betonungen haben, d.h. im 8/8 Takt Betonungen auf 1,3,4,6 und 7.
3. Rhythmus / Prägnanz: Außerdem sollte der Rhythmus natürlich deutlich und prägnant hörbar sein.
4. Rhythmus / Regelmäßigkeit: Es gibt einige musikalisch ganz tolle Salsas (z.B. von Los Reyes Latinos), die aber ruhige Soloparts haben und somit keinen durchgängigen Rhythmus. Diese Salsa sind deshalb zum Tanzen nicht gut geeignet.

Eine gute Salsa lässt sich auf drei Wegen erkennen. Erstens kannst Du so gut Salsa tanzen, dass Du beim Hören 'im Geiste" mittanzt. Dann merkst Du sofort, ob es gut geht oder nicht, und ob die Salsa gut tanzbar ist oder nicht. Diese Methode wirst Du lernen und bald auch beherrschen. Bis dahin aber kannst Du nur die Takte auszählen und jedes Stück "analysieren" (sehr umständlich), oder aber Du richtest Dich nach unseren Empfehlungen (sehr praktisch). Wir haben nämlich zum Üben einige sehr gut geeignete Titel ausgesucht, die Du alle legal und kostenfrei bei www.mp3.com im Internet herunterladen kannst (wie, das liest Du im Folgekapitel). Wir haben extra eine Übungs-Salsa-CD zusammengestellt mit 15 Salsa-Titeln, die von langsam bis mittelschnell zu relativ schnellen Titeln reicht. Ideal zum Üben!
Nachfolgend findest Du die Titel aufsteigend sortiert nach Tempo:

Nr.	Titel	Interpret	Quelle (http://artists. mp3s.com/artists/...)
1	Miguel (the Iguana)	L.A.Carpool	34/la_carpool.htm
2	Incognito	L.A.Carpool	34/la_carpool.htm
3	Munequita	Bio Ritmo	18/bio_ritmo.htm
4	Mi Guajira (Love the Latin Way)	L.A.Carpool	34/la_carpool.htm
5	Oye Garcia Salsa Dance Remix	L.A.Carpool	34/la_carpool.htm
6	Humo	WAWANXO	45/wawanxo.htm
7	Boom-Boom	Babaloo	21/babaloo.htm
8	Baila con migo	Main Attraction	100/main_attraction.htm
9	Salsa Inferno	L.A.Carpool	34/la_carpool.htm
10	Dimelo	Alex Torres y Los Reyes Latino	80/alex_torres_and_the_latin_.html
11	Mi Promesa de Amor	Orquesta Gitano	177/orquesta_gitano.html
12	Azuquita	L.A.Carpool	34/la_carpool.htm
13	Pronto Salsa	Cecilia Noël and The Wild Clams	9/cecilia_nol_and_the_wild_clams.html
14	Vacilar	Orquesta Gitano	177/orquesta_gitano.html
15	Salsa Gitana	Orquesta Gitano	177/orquesta_gitano.html

Ideal ist es, wenn Du Dir diese Titel aus dem Internet herunterlädst und auf CD brennst. Wenn Du das nicht selbst kannst, hast Du vielleicht einen Freund oder Bekannten, der das für Dich tun kann. Aber natürlich bekommt man auch im Musikgeschäft inzwischen (sogar in Deutschland) gute Salsa-CDs. Im hinteren Teil findest Du eine Discografie mit genauen Angaben zu den großen Klassikern der Salsa und deren Veröffentlichungen inklusive Verlagsangaben.

Salsa im Internet:
Szene-Tipps, kostenfreie Musik und Parties

Nicht nur für kostenfreie Musik ist das Internet eine ideale Quelle. Auch Party-Tipps für jede Region der Welt und Szene-Infos bis hin zur Partnersuche sind möglich. Natürlich gibt es keine Garantie, dass die Links immer aktuell bleiben werden. Dennoch haben wir die besten Webseiten nachfolgend mit einer Kurzbeschreibung aufgelistet:

Nr.	URL (http://...)	Kurzbeschreibung
1	www.uni-bayreuth.de/ departments/planta2/ass/robert/ charts/salsa_charts.htm	Regelmäßig aktualisierte Salsa-Charts auch zum Anhören
2	www.mp3.com	Eine fast grenzenlose Quelle toller und authentischer Salsas mit einer eigenen Sparte. Suche einfach nach "Salsa".
3	www.salsatecas.de	Adressen und Fotos der Salsa-Clubs von Deutschland, Österreich und weltweit
4	www.amazon.de www.libri.de	Buch- und CD-Shops im Internet: Hier kannst Du dieses Buch bekommen und natürlich auch lieferbare Salsa-CDs
5	www.bamboleo.de	Es gibt sogar eine deutschsprachige Salsa-Zeitung. Dies ist die Homepage dazu.
6	aachen.heimat.de/salsa	Salsa-Seite aus Aachen mit guten Infos auch aus den Niederlanden

Nr.	URL (http://...)	Kurzbeschreibung
7	www.salsanet.prima.de	Salsanet aus Dortmund. Viele Infos mit Schwerpunkt Ruhrgebiet
8	members.aol.com/clublatino	Die Seite des Salsa-Clubs Potsdam
9	homepages.munich.netsurf.de/ Thomas.Fischer/salsa.htm	Ramírez' Salsa-Page aus München
10	www.macondito.de	Homepage der Salsa-Band "Macondito" aus Deutschland
11	members.tripod.de/J_Sole/ camino.htm	Homepage der Salsa-Band "Camino" aus Deutschland
12	www.salsamania.de	Homepage der Salsa-Band "Salsamania" aus Deutschland
13	www.organo-caribe.de	Homepage der Salsa-Band "Órgano Caribe" aus Deutschland
14	www.salsaholic.de	Sehr umfassende Salsa-Seite aus Aachen mit überregionalem Inhalt
15	genres.mp3.com/music/latin/ salsa/?tp	Täglich aktuelle Salsa-Charts bei mp3.com mit allen Titeln zum kostenfreien Download!
16	www.salsainbonn.de	Alle aktuellen Salsa-Parties im Raum Bonn/Köln
17	www.latin-dance.net	Weltweites Verzeichnis von Salsa- und Tango-Tanzclubs mit über 750 Einträgen
18	www.musica-latina.de	Großer Online-Versand für Lateinamerikanische Musik
19	www.salsafreak.com	Eddie Lewis ist Chef des Salsaweb-Magazins – angeblich die größte Salsa-Website der Welt (Englisch)
20	www.salsaconpao.de	Salsa im Deutschland – leider etwas zu kommerziell geraten mit relativ viel Werbung

IconDANCE©:
Tanzen lernen auf einen Blick!

IconDANCE© ist eine neuartige Methode, alle wichtigen Tanzbewegungen in einem einzigen Bild im wahrsten Sinne des Worten "übersichtlich" darzustellen.

Ausgangsidee der Tanz-Ikonen ist die Vorstellung, dass Du Dich selbst von oben sehen kannst. Wenn Du willst, kannst Du Dir auch vorstellen, dass die Decke verspiegelt ist.

Das sieht dann so aus:

Der kleine Kreis in der Mitte ist der Kopf, rechts und links oval umgeben vom Körper mit den Schultern. Die schwarzen Ovale davor sind die Füße, der schwarze Strich unten ist die Orientierungswand: Ein stehender Mensch von oben. Das ist die Grundposition.

Die Orientierungswand hilft, die Position im Raum zu bestimmen. Jede Drehung führt zu einer veränderten Position der Orientierungswand. Wenn Du Dich rechts herum drehst, wo muss dann die Orientierungswand sein? Richtig: Auch rechts.

Ganz einfach, oder? Jetzt machst Du einen Schritt nach vorne. Wie siehst Du Dich von oben? So:

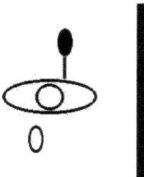

Warum aber ist der hintere Fuß nun weiß? Weil er nicht belastet wird. Du stehst auf dem rechten Fuß vorne. Und der Strich hinter dem rechten Fuß? Der zeigt die Bewegung an.

Du siehst also, dass fast jede Tanzbewegung mit IconDANCE© dargestellt werden kann, auf einen Blick und ohne viele Worte. Einfach zum Nachtanzen!

Bevor Du mit IconDANCE© die Salsaschritte nachtanzt, schaue Dir noch die Erklärung zu den einzelnen Symbolen an. Die verwendeten Abkürzungen kannst Du am Ende des Buches im Abkürzungsverzeichnis nachschlagen.

Noch ein Wort zu den Namen und Bezeichnungen in diesem Buch: Wie bereits im Kapitel "Herkunft und Geschichte der Salsa" auf Seite 15 erläutert, gibt es keine offizielle Standardisierung für Salsa-Figuren. Die von uns in diesem Buch verwendeten Namen haben wir so gewählt, dass sie möglichst selbsterklärend sind (z.B: "Hand to Hand", "Solodrehung" etc.). Vielleicht trägt diese erste deutschsprachige Salsa-Monografie ja mit dazu bei, Namen und Bezeichnungen ein wenig zu vereinheitlichen.

Fußbelastungen:

| Rechter und linker Fuß mit Gewicht | Rechter Fuß ohne oder mit wenig Gewicht | Rechter Fuß tanzt einen "Tap" |

Ein Tap ist ein kurzes Antippen des Bodens, ohne dass das Gewicht vom anderen Fuß genommen wird.

Fußpositionen:
(linker Fuß jeweils unbelastet)

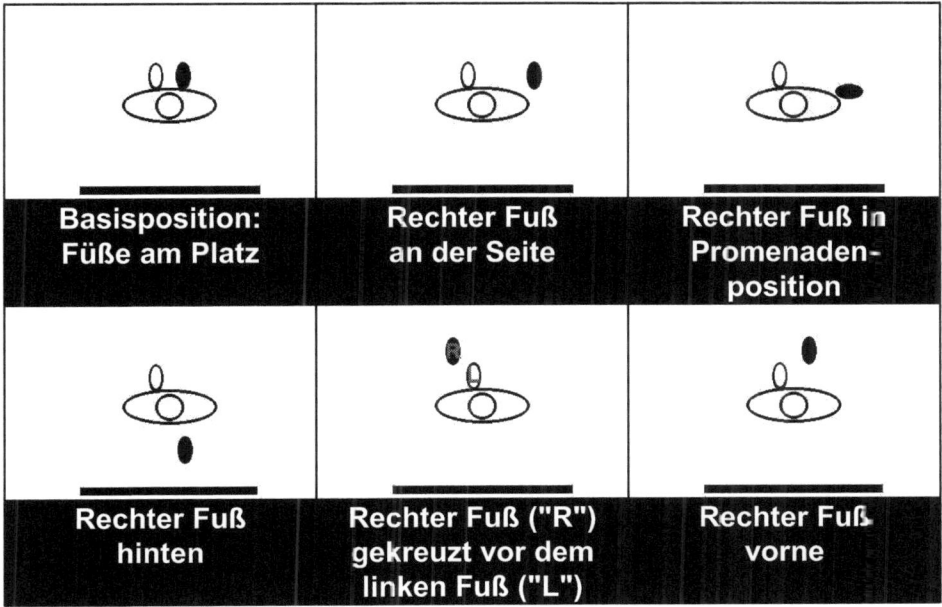

Fußbewegungen:
(linker Fuß jeweils unbelastet)

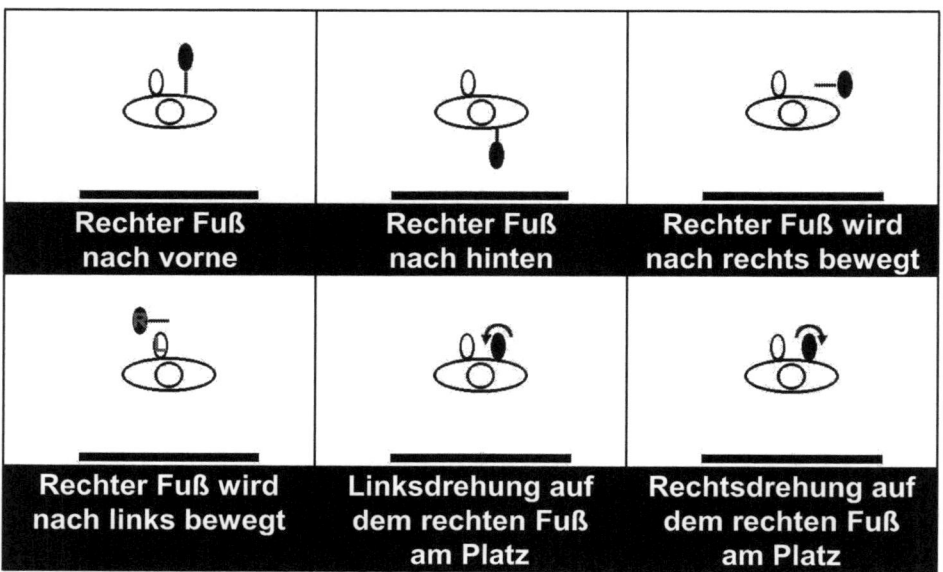

Rechter Fuß nach vorne	**Rechter Fuß nach hinten**	**Rechter Fuß wird nach rechts bewegt**
Rechter Fuß wird nach links bewegt	**Linksdrehung auf dem rechten Fuß am Platz**	**Rechtsdrehung auf dem rechten Fuß am Platz**

Genauere Angaben zur Drehung findest Du in den Schrittbeschreibungen, z.B. wie weit gedreht wird (¼ oder ½ oder ¾ oder 1/1).

WICHTIG!

Alle Fußbewegungen, also Schritte und Drehungen, die IconDANCE© zeigt, werden getanzt, **bevor** die gezeigten Positionen erreicht sind. Die Lesereihenfolge ist also: Fußbewegungen ansehen und nachtanzen und dann die erreichten Fußpositionen vergleichen.

Jetzt geht's endlich los: Bailamos SALSA!

Salsa-Stilrichtungen:
Es lebe der Unterschied!

Die bewegte Mischmasch-Geschichte der Salsa hat ihre Spuren hinterlassen. So gibt es nicht nur verschiedene Musikstile, sondern auch verschiedene Tanzstile. Das ist gut, weil die verschiedenen Stilrichtungen sich gegenseitig beeinflussen und deshalb eine ständige Quelle für neue Figuren sind. Das ist andererseits schlecht, weil deshalb nicht alle Salseros der Welt sofort problemlos miteinander tanzen können. Nun sind die sechs Hauptströmungen aber nicht so verschieden, dass ein Salsero sie nicht in einer heißen Nacht lernen könnte. Dennoch muss sich jeder Salsa-Beginner natürlich gut überlegen, welchen Grundschritt er denn nun lernt. Hier ist die Empfehlung einfach, weil die Stilrichtungen regionale Phänomene sind. Und wenn Du Salsa in Deiner Gegend tanzen willst, musst Du natürlich den dort üblichen Grundschritt beherrschen. In Europa, die Niederlande ausgenommen, ist dies die Salsa Columbiana, der kolumbianische Stil also, der außerdem auch noch auf dem karibischen Festland verbreitet ist. In Nordamerika verbreitet ist der New Yorker Stil (auch Mambo-Stil genannt), der z.B. auch im Mambo-Film "Dirty Dancing" getanzt wird. Ein dritter Grundschritt-Stil, der puertoricanische Stil, wird vorwiegend in Tanzschulen (auch in Europa) gelehrt. Zusammen bilden diese drei die dominanten Stilrichtungen. Nebenrollen spielen noch der Curaçao-Stil, der wegen der Kolonialverbindungen auch in den Niederlanden getanzt wird, die Salsa Cubana (auch Rumba-Stil genannt) aus Kuba und der Casino als Sonderform, die ein wenig an den Samba-Tanzschulschritt erinnert.

27

Obwohl es verwirrend erscheint, sind doch zumindest die "Großen Drei" Salsa Colombiana, New Yorker und puerto-ricanischer Stil sehr ähnlich und unterscheiden sich vor allem darin, zu welchem Taktschlag die jeweiligen Schritte getanzt werden. Die Schritte selbst sind fast identisch und ziemlich kompatibel miteinander. Wir stellen die Schritte nachfolgend kurz vor, aber bitte lerne sie nicht mühevoll, sondern konzentriere Dich zum Lernen auf die Salsa Colombiana. Sie liegt allen Figuren dieses Buches zugrunde und wird im nächsten Kapitel ausführlich beschrieben. Um die Folgen im puertoricanischen oder New Yorker Stil zu tanzen, wende einfach die in den Abbildungen beschriebenen Rhythmen auf dieselben Schritte an. Mit etwas Übung wird Dir das bei den Großen Drei leicht fallen, wenn es einmal nötig sein sollte.

Hier stellen wir nun die Stilrichtungen vor (jeweils Herren-schritte Taktschläge 1-8, Dame tanzt erst 5-8, dann 1-4):

Puertoricanischer Stil (Tanzschul-Stil)

Schlag 1 (Pause) | Schlag 2 | Schlag 3 | Schlag 4

Schlag 5 (Pause) | Schlag 6 | Schlag 7 | Schlag 8

Unterschiede des puertoricanischen Stils zur Salsa Colombiana:
1. Die Füße werden nicht geschlossen, sondern bleiben immer leicht in Schrittstellung zueinander.
2. Der Takt ist um einen Schlag verschoben, so dass der Schritt H LF vor nicht auf Taktschlag 1, sondern auf Taktschlag 2 kommt.
3. Die Pause liegt auf Taktschlag 1 (das ist ungewöhnlich, weil genau der Taktschlag 1 musikalisch betont ist).

New Yorker Stil (Mambo-Stil)			
Schlag 1	Schlag 2	Schlag 3	Schlag 4 (Pause)
Schlag 5	Schlag 6	Schlag 7	Schlag 8 (Pause)

Unterschiede des New Yorker Stils zur Salsa Colombiana:
1. Die Füße werden nicht geschlossen, sondern bleiben immer leicht in Schrittstellung zueinander.
2. Der Takt ist um einen Schlag verschoben, so dass der Schritt H LF vor nicht auf Taktschlag 1, sondern auf Taktschlag 2 kommt.
3. Die Pause liegt auf Taktschlag 4.
4. In der Konsequenz beginnt der Schritt nicht mit dem H LF vor, sondern H RF vor.

Die großen Drei sind damit zusammen mit der Salsa Colombiana, die im nächsten Kapitel folgt, vorgestellt. Die weniger verbreiteten, aber natürlich ebenso authentischen Grundschritte Curacão-Stil, Casino-Stil und Salsa Cubana zeigen wir auch noch:

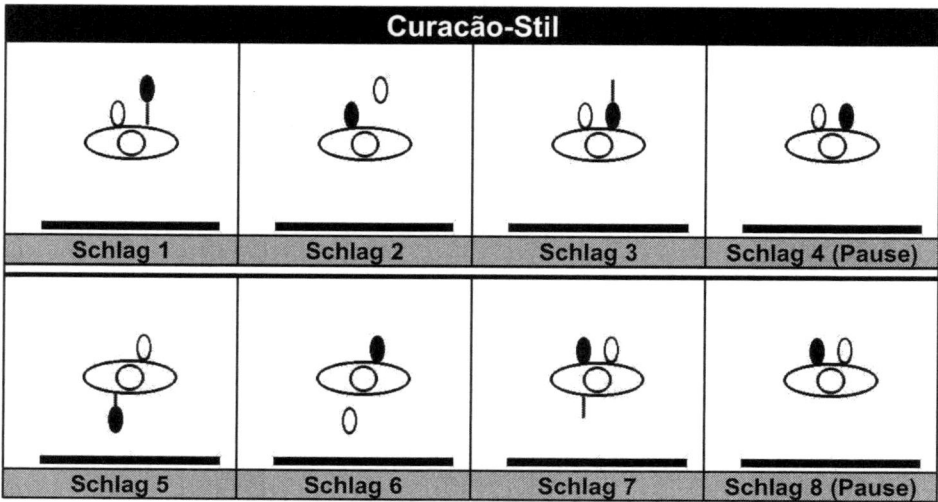

Unterschied des Curacão-Stils zur Salsa Colombiana: Der Curacão-Stil ist im Vergleich zur Salsa Colombiana genau spiegelverkehrt (H beginnt RF vor statt LF vor).
Die nachfolgenden Schritte der Salsa Cubana und des Casino-Stils sind eher andere Grundschritte als Abwandlungen. Die Salsa Cubana kennen wir in Europa als Rumba, und der Casino-Stil hat sich in den Tanzschulen zur (europäischen) Variante des Samba-Schritts entwickelt.
Aber Achtung! Die Begriffsverwirrung bei der Salsa führt leider dazu, dass auch Stilbezeichnungen nicht einheitlich verwendet werden. Im Zweifelsfalle musst Du also hinschauen, wie der Grundschritt getanzt wird, um die Stilrichtung zu erkennen. Auch wenn manchmal andere

Namen Verwendung finden (z.B. sprechen manche von dem puertoricanischen Stil, meinen aber unsere Salsa Colombiana), wirst Du in Europa außer den Niederlanden und in Lateinamerika fast immer unsere Salsa-Colombiana-Schritte tanzen, mit der wir im nächsten Kapitel endlich beginnen. Los geht's!

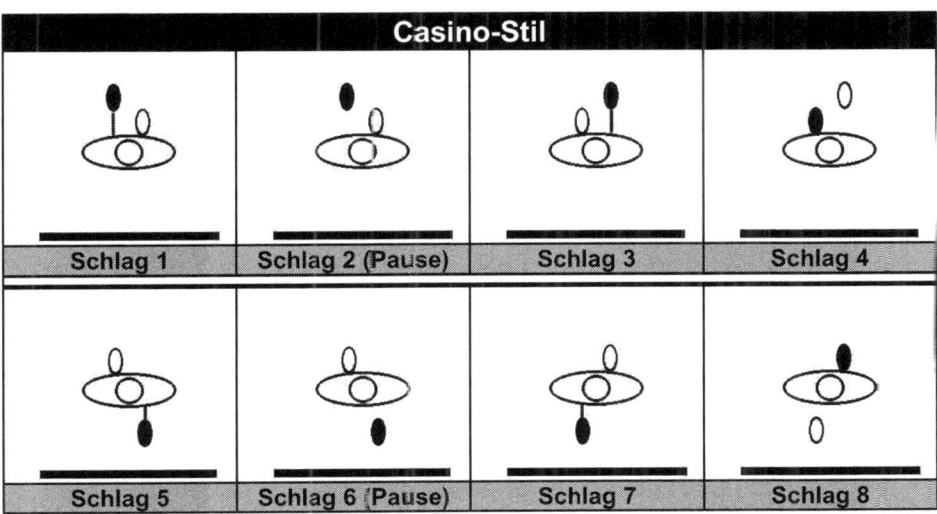

31

Vamos bailar:
So wirst Du zum Salsero / zur Salsera – Folgen für Anfänger

Jetzt geht's endlich los: Dein erster Schritt steht kurz bevor. Zunächst einige Erklärungen, damit der Einstieg für Dich so leicht wie möglich wird.

Erstens solltest Du nicht alleine üben bzw. tanzen. Suche Dir eine Partnerin bzw. einen Partner, mit dem Du die Schritte lernen und üben kannst. Das Gefühl, jemanden im Arm oder an der Hand zu haben, ist ein großer Teil des Spaßes und nicht zu ersetzen durch "Trockenübungen". Außerdem ist die Führung ein wichtiger Teil des Tanzens, und das kannst Du nur mit Partner lernen.

Zweitens solltest Du die Erläuterungen zu den IconDANCE©-Symbolen durchlesen. Wenn Du nämlich im Lesen dieser Schrittbilder geübt bist, kannst Du die Schritte fast sofort nachtanzen.

Drittens erwarte nicht zuviel! Übung macht den Meister, und Du wirst nach diesem Buch noch keine Meisterschaft gewinnen. Wenn es aber Deinen Einstieg erleichtert und Deine ersten Schritte ermöglicht, hat es seinen Zweck erfüllt!

Und viertens: beginne von vorne. Jeder Schritt baut auf den nächsten auf und am Ende wirst Du eine schöne Folge tanzen können.

1. Deine erste Figur: Der offene Grundschritt

Jeden Fortschritt beim Salsatanzen erreichst Du in drei Schritten: Erstens jeden einzelnen Schritt lesen und nachmachen, zweitens die gesamte Figur üben und drittens die Figur in eine Folge einbauen und üben.

Eine Folge heißt, mehrere Figuren hintereinander zu tanzen. Eine Figur ist eine festgelegte Abfolge von zusammengehörenden Schritten, z.B. ist „Hand to Hand" eine Figur. Leider heißt es „Grundschritt" und nicht „Grundfigur", obwohl der Grundschritt eigentlich eine Figur ist.

Bei der Folge gibt es bei der Salsa etwas Besonderes: Im Gegensatz zu den meisten anderen Tänzen gibt es nämlich keine feste Vorgabe. Salsa tanzt man nach Gefühl, die Salsera stellt sich total auf den Salsero ein und folgt seiner Führung, und der Salsero macht aus seiner Salsera ein wundervolles Bild, dessen Rahmen er selbst bildet.

Bevor das aber klappt, musst Du Dich schon sehr gut auskennen und die Schritte "ohne nachzudenken" tanzen. Dasselbe gilt natürlich für Deinen Tanzpartner.

Deshalb ist es praktisch, zuerst eine fest vereinbarte Folge zu tanzen, bei der jeder weiß, was als nächstes kommt.

Zu jedem der nachfolgenden Schritte gibt es weitere Bemerkungen, die Dir nähere Informationen über Besonderheiten der einzelnen Schritte geben.

Beginnt nun mit dem ersten Schritt der ersten Figur, dem Grundschritt im Stil der Salsa Colombiana. Tanzt ihn einzeln nach den Beschreibungen der Folgeseiten nach, bis Ihr die ganze Figur vom Bewegungsablauf her verstanden habt. Dann blättert weiter zum Abschnitt 2.

Salsa		Grundschritt			Herr
Schritt	**drehe**	**IconDANCE©**	**zähle**	**Bemerkung**	**TS**
0	-		1-2-3-und-	Startposition, Salsa-Tanzhaltung geschlossen oder offen, LF frei	0
1	-		vor	LF vorwärts (Körper nur leicht nach vorne)	1
2	-		platz	Gewicht auf den RF	2
3	-		ran	LF schließen	3
4	-		tap	RF tap am Platz	4
5	-		rück	RF rück (Körper nur leicht nach hinten)	1

Salsa		Grundschritt			Herr
Schritt	drehe	IconDANCE©	zähle	Bemerkung	TS
6	-		platz	Gewicht auf den LF	2
7	-		ran	RF schließen	3
8	-		tap	LF tap am Platz	4

Nachfolgende Schritte: LF vor, rück oder seit links.

Nachfolgende Figuren (Grundschritt OTH): Cucarachas, Hand to Hand, Korb, Ochos, Solodrehung für die Dame, Cross Body Lead offen.

Tanzhaltung: Offen oder geschlossen (siehe Abschnitt 2).

Salsa		Grundschritt			Dame
Schritt	**drehe**	**IconDANCE©**	**zähle**	**Bemerkung**	**Takt**
0	-		1-2-3- und-	Startposition, Salsa- Tanzhaltung geschlossen oder offen, RF frei	0
1	-		rück	RF rückwärts (Körper nur leicht nach hinten)	1
2	-		platz	Gewicht auf den LF	2
3	-		ran	RF schließen	3
4	-		tap	LF tap am Platz	4
5	-		vor	LF vorwärts (Körper nur leicht nach vorne)	1

Salsa		Grundschritt			Dame
Schritt	**drehe**	**IconDANCE®**	**zähle**	**Bemerkung**	**TS**
6	-		platz	Gewicht auf den RF	2
7	-		ran	LF schließen	3
8	-		tap	RF tap am Platz	4

Nachfolgende Schritte: RF vor, rück oder seit rechts.

Nachfolgende Figuren (Grundschritt OTH): Cucarachas, Hand to Hand, Korb, Ochos, Solodrehung für die Dame, Cross Body Lead offen.

Tanzhaltung: Offen oder geschlossen (siehe Abschnitt 2).

Grundposition: Schritt 0   *Schritt 1*

Schritt 2   *Schritt 3(ran)-4(tap)*

Schritt 5

Schritt 6

Schritt 7(ran)-8(tap)

2. Übungsfolge 1

Bei der Salsa lernen wir die Figuren, indem wir die Schritte in den IconDANCE© Beschreibungen nachtanzen und durch Übung schließlich ohne Beschreibung beherrschen.

Die Übungsfolgen setzen die jeweils gelernten Figuren dann in eine sinnvolle Folge zusammen. Damit kannst Du schon sehr gut auf eine Salsa-Party gehen. Die hohe Kunst ist es dann allerdings, die Folgen völlig spontan zur Musik und ohne feste Reihenfolge oder Vorbereitung aus den Figuren zusammenzusetzen, also das Tanzen zu improvisieren. Wer das kann, der wird das wahre Gefühl des Salsa-Tanzens erleben. Dazu kann dieses Buch nur der Anfang sein. Die Fähigkeit zum Improvisieren bekommst Du ganz von selbst, wenn Du oft tanzen gehst.

Beginnen wir nun mit der Tanzhaltung.

Es gibt 2 Tanzhaltungen: Offen und geschlossen. Die geschlossene Tanzhaltung (GTH) ist etwas schwieriger, wenn sie gut aussehen soll (und das setzen wir natürlich voraus). Deshalb beginnen wir mit der offenen Tanzhaltung (OTH). Alle Schritte und Folgen für Anfänger basieren auf der offenen Tanzhaltung. Die geschlossene Tanzhaltung beschreiben wir weiter hinten bei den Schritten und Folgen für Fortgeschrittene.

Die OTH ist ganz einfach:

Ihr steht Euch gegenüber im Abstand von ca. 50 cm. Die gegenüberliegenden Hände werden gefasst. Ihr steht gerade und schaut nicht zu den Füßen, sondern blickt Euch in die Augen.

In dieser Haltung werden die Schritte getanzt. Beide Hände bleiben dabei gefasst, außer bei Figuren, die ohne "Öffnen" (also ohne Loslassen) einer oder beider Hände nicht getanzt werden können. Beim offenen Grundschritt bleiben die Hände gefasst.

Offene Tanzhaltung: Herr hat LF frei, Dame hat RF frei

Unsere erste Folge ist sehr leicht: Tanze einfach Grundschritt an Grundschritt! Praktischerweise hast Du nämlich am Ende des Grundschritts genau den Fuß frei, mit dem Du einen neuen Grundschritt beginnen kannst.

Die Folgen werden als Liste geschrieben, in der die Figuren abgekürzt werden. Unsere erste Übungsfolge für den Grundschritt (GS) sieht so aus:

●➜ 1 GS(1-8 in OTH) ➜●

"●" markiert den Start und das Ende. Am Ende beginnt die Folge erneut vom Start usw. Die Zahlen in Klammern beziehen sich auf die Schrittnummern in den Beschreibungen. Das ist sehr praktisch, weil es häufig Figuren gibt, die z.B. mit einem halben Grundschritt beginnen. Das notiert sich dann ganz einfach so: GS(1-4) für die erste Hälfte oder GS(4-8) für die zweite Hälfte.
Die erste Folge ist einfach eine Kette von Grundschritten. Zugegeben, noch etwas langweilig, aber immerhin tanzt Du damit bereits Deine erste Salsa!
Zur Übung beginne erst einmal ohne Musik und zähle dabei den Takt laut mit ("1-2-3-4" usw.). Wenn das klappt, lege Dir eine langsame Salsa auf und versuche es zur Musik. Wenn Du das Gefühl hast, dass Du keine Probleme damit hast, kannst Du zu etwas schnellerer Musik übergehen, bis der GS Dir in Fleisch und Blut übergegangen ist.

3. Die "Küchenschabe": Las Cucarachas

Es gibt eine nette Geschichte, woher die Cucarachas ihren Namen haben: in den karibischen Ländern gibt es nicht nur Sonne und Strand, sondern auch einige Plagen. Dazu gehören zweifellos die Küchenschaben, auf Spanisch „Cucarachas". Als einmal in einer Salsa-Bar in Kuba ein heißes Fest gefeiert wurde und wilde Salsa-Paare die Holzdielen zum Wanken brachten, wurde es den darunter wohnenden Cucarachas doch zu ungemütlich und sie krochen durch die Ritzen auf die Tanzfläche. Die Tänzer, die ihre wilde und erotische Nacht nicht unterbrechen wollten, hörten nicht auf zu tanzen, sondern versuchten beim Tanzen die Schaben zu zertreten. Das machten sie im Takt passend zur Musik, und daraus ist eine neue Salsa-Figur entstanden (so ist zumindest die Sage...)!

Auch wenn wir hier in Europa eher weniger mit Schaben zu tun haben (obwohl wir in Spanien auch schon einige gesehen haben, aber deutlich kleiner als in den Tropen), tanzen wir die Cucarachas sehr gerne. Sie sehen gut aus und sind nicht so schwer. Besonders zu beachten ist eine Veränderung in der Tanzhaltung (siehe Foto auf Seite 48). Die gegenüberliegenden Hände werden in Schulterhöhe gefasst und mit etwas Gegendruck gehalten.

Wenn der Herr diese Tanzhaltung anbietet, weiß die Dame beim Improvisieren, dass nun Cucarachas getanzt werden. Der zur Seite gestellte Fuß wird dabei jeweils flach aufgesetzt und belastet (sonst kriegt man die Viecher ja nicht kaputt).

Salsa			Cucarachas		Herr
Schritt	**drehe**	**IconDANCE©**	**zähle**	**Bemerkung**	**TS**
0	-		1-2-3-und-	Startposition, Salsa-Tanzhaltung offen, LF frei, Hände in Augenhöhe gefasst	0
1	-		seit	LF nach links zur Seite; Kopf nach links schauen	1
2	-		platz	RF mit Gewicht	2
3	-		ran	LF schließen; Kopf blickt zum Partner	3-4
4	-		seit	RF nach rechts zur Seite; Kopf nach rechts schauen	1
5	-		platz	LF mit Gewicht	2

Salsa			Cucarachas			Herr
Schritt	Drehe	IconDANCE®		zähle	Bemerkung	TS
6	-			ran	RF schließen; Kopf blickt zum Partner	3-4

Nachfolgende Schritte: LF seit links, LF vor oder LF rück.

Nachfolgende Figuren: Cucarachas versetzt, Hand to Hand, Grundschritt (OTH oder GTH).

Tanzhaltung: Modifizierte, offene Tanzhaltung. Die gegenüberliegenden Hände werden in Schulterhöhe gefasst und mit etwas Gegendruck gehalten.

Salsa			Cucarachas			Dame
Schritt	**drehe**	**IconDANCE©**	**zähle**	**Bemerkung**		**TS**
0	-		1-2-3-und-	Startposition, Salsa-Tanzhaltung offen, RF frei, Hände in Augenhöhe gefasst		0
1	-		seit	RF nach rechts zur Seite; Kopf nach rechts schauen		1
2	-		platz	LF mit Gewicht		2
3	-		ran	RF schließen; Kopf blickt zum Partner		3-4
4	-		seit	LF nach links zur Seite; Kopf nach links schauen		1
5	-		platz	RF mit Gewicht		2

Salsa		Cucarachas			Dame
Schritt	**drehe**	**IconDANCE©**	**zähle**	**Bemerkung**	**TS**
6	-		ran	LF schließen; Kopf blickt zum Partner	3-∠

Nachfolgende Schritte: RF seit rechts, RF vor oder RF rück.

Nachfolgende Figuren: Cucarachas versetzt, Hand to Hand, Grundschritt (OTH oder GTH).

Tanzhaltung: Modifizierte, offene Tanzhaltung. Die gegenüberliegenden Hände werden in Schulterhöhe gefasst und mit etwas Gegendruck gehalten.

47

Grundposition: Schritt 0

Schritt 1

Schritt 2

Schritt 3

Schritt 4

Schritt 5

Schritt 6

4. Übungsfolge 2

Wir starten mit 2 Grundschritten in offener Tanzhaltung. Bereits beim letzten Schritt des zweiten Grundschritts (Schritt 8) führen wir die Dame in die modifizierte Cucaracha-Tanzhaltung und tanzen 2 Cucarachas (jeweils Schritte 1 bis 6). Beim Schritt 6 der zweiten Cucaracha gehen wir wieder in die normale, offene Tanzhaltung zurück und beginnen von vorne mit dem Grundschritt in offener Tanzhaltung. Diese Folge sieht in der Kurzform so aus:

●●➜ 2 GS(1-8 in OTH) ➜ 2 CU(1-6) ➜●

Jetzt wird auch deutlich, wozu wir in den Schrittübersichten immer die Information "Nachfolgende Schritte" anfügen. Der letzte Schritt einer Figur muss nämlich so enden, wie der erste Schritt der nachfolgenden Figur beginnt. Deshalb kann man die Figuren nicht einfach wahllos kombinieren. Der Grundschritt z.B. endet für den Herrn so, dass er den rechten Fuß frei hat. Für die Dame wiederum ist der linke Fuß frei. Somit kann nach dem Grundschritt jede Figur getanzt werden, die für H mit RF beginnt und für D mit LF, und deren sonstige Voraussetzungen zudem mit denen des Grundschritts zusammenpassen (wenn z.B. eine Figur OTH erfordert, die Figur davor aber in GTH endet, können diese Figuren eben nicht direkt nacheinander getanzt werden).
Die Angabe „Nachfolgende Figuren" listet auf, welche Figuren dieses Buches mit dem passenden Schritt beginnen sowie die sonstigen Voraussetzungen erfüllen und deshalb im Anschluß an die jeweils beschriebene Figur getanzt werden können.

5. "Handarbeit": Hand to Hand

Hand to Hand ist die erste Figur dieses Buches, in der eine kleine Drehung enthalten ist. Es ist je nach Tempo der Musik $1/8$ bis $1/4$ Drehung für D und H, so dass beide kurzzeitig fast nebeneinander stehen (aber Körper i.d.R. noch leicht zueinander). Der genaue Bewegungsablauf geht aus der Schrittbeschreibung hervor, wo wir der Einfachheit halber von $1/4$ Drehung ausgehen, obwohl es bei schneller Salsa-Musik wie gesagt oft etwas weniger ist.

Einige Salseros nennen diese Figur auch „Promenade" oder "umgekehrter New York".

Die Promenade gibt es als Figur auch bei anderen lateinamerikanischen Tänzen wie der Rumba oder dem Cha-Cha-Cha. Sie ist der Hand to Hand sehr ähnlich, aber spiegelverkehrt: D und H öffnen bei der Promenade nicht nach hinten, sondern nach vorne. Diese Variante heißt bei der Salsa meistens "New York". Wir richten uns nach dieser verbreiteten Bezeichnung und nennen die Vorwärts-Variante „New York" und die hier gezeigte Rückwärts-Variante „Hand to Hand".

Es ist ein einprägsamer Name, weil immer beim Schließen die gegenüberliegenden Hände zueinander finden und gefasst werden. Die Hand des Herrn geht zur Hand der Dame, also eben Hand to Hand. Zusammen mit den Cucaraches und dem Grundschritt kannst Du jetzt schon eine nette kleine Folge!

Salsa				Hand to Hand	Herr
Schritt	**drehe**	**IconDANCE©**	**zähle**	**Bemerkung**	**TS**
0	-		1-2-3- und-	Startposition, Salsa- Tanzhaltung offen oder geschlossen, LF frei	0
1	¼ links auf RF		hand	linke Hand lösen und Körper nach links öffnen, auf RF nach links hinten drehen	1
2	-		to	Gewicht auf RF	2
3	¼ rechts auf RF		hand	wieder beide Hände fassen, Körper zueinander drehen auf RF	3-4
4	¼ rechts auf LF		hand	rechte Hand lösen und Körper nach rechts öffnen, auf LF nach rechts hinten drehen	1
5	-		to	Gewicht auf LF	2

Schritt	drehe	IconDANCE©	zähle	Bemerkung	TS
6	¼ links auf LF		hand	wieder beide Hände fassen, Körper zueinander drehen auf LF	3-4

Nachfolgende Schritte: LF vor, LF nach links oder LF rück.

Nachfolgende Figuren: Grundschritt (OTH oder GTH), Cucarachas, Cucarachas versetzt, Hand to Hand, Cross Body Lead (OTH oder GTH), Korb. (Für Ochos und Solodrehung stehen H und D normalerweise nach den Hand to Hand zu nah.)

Tanzhaltung: Offene Tanzhaltung mit den gegenüberliegenden Händen gefasst. Jeweils beim Öffnen nach rechts und links wird eine Hand losgelassen und nach der Rückkehr in die gegenüberliegende Position wieder gefasst, um beim Öffnen in die andere Richtung wieder die andere Hand loszulassen. Siehe dazu auch die Fotos!

Salsa		Hand to Hand			Dame
Schritt	**drehe**	**IconDANCE©**	**zähle**	**Bemerkung**	**TS**
0	-		1-2-3-und-	Startposition, Salsa-Tanzhaltung geschlossen oder offen, RF frei	0
1	¼ rechts auf LF		hand	rechte Hand lösen und Körper nach rechts öffnen, auf LF nach rechts hinten drehen	1
2	-		to	Gewicht auf LF	2
3	¼ links auf LF		hand	wieder beide Hände fassen, Körper zueinander drehen auf LF	3-4
4	¼ links auf RF		hand	linke Hand lösen und Körper nach links öffnen, auf RF nach links hinten drehen	1
5	-		to	Gewicht auf RF	2

Salsa		Hand to Hand			Dame
Schritt	drehe	IconDANCE©	zähle	Bemerkung	TS
6	¼ rechts auf RF		hand	wieder beide Hände fassen, Körper zueinander drehen auf RF	3-∠

Nachfolgende Schritte: RF vor, RF nach rechts oder RF rück.

Nachfolgende Figuren: Grundschritt (OTH oder GTH), Cucarachas, Cucarachas versetzt, Hand to Hand, Cross Body Lead (OTH oder GTH), Korb. (Für Ochos und Solodrehung stehen H und D normalerweise nach den Hand to Hand zu nah.)

Tanzhaltung: Offene Tanzhaltung mit den gegenüberliegenden Händen gefasst. Jeweils beim Öffnen nach rechts und links wird eine Hand losgelassen und nach der Rückkehr in die gegenüberliegende Position wieder gefasst, um beim Öffnen in die andere Richtung wieder die andere Hand loszulassen. Siehe dazu auch die Fotos!

Grundposition: Schritt 0   *Schritt 1*

Schritt 2   *Schritt 3*

Schritt 4

Schritt 5

Schritt 6

6. Übungsfolge 3

Hand to Hand wird an die Übungsfolge 2 einfach angehängt. Die neue Folge mit Hand to Hand sieht dann so aus:

●➔ 4 GS(1-8 in OTH) ➔ 4 CU(1-6) ➔ 4 HH(1-6) ➔●

Zur Gewöhnung hier noch einmal die Übersetzung in Klartext:

- 4 Grundschritte (Schritt 1 bis 8, siehe Seite 34 bis 37 und Fotos auf Seite 38 bis 39) in offener Tanzhaltung

- 4 Cucarachas (Schritt 1 bis 6, Beschreibung siehe Seite 44 bis 47 und Fotos auf Seite 48 bis 49)

- 4 Hand to Hand (Schritt 1 bis 6, siehe Seite 52 bis 55, Fotos auf Seite 56 bis 57)

- Beginne von vorne

Denke daran, dass Du bei den Cucarachas die modifizierte Tanzhaltung einnimmst (siehe bei der Schrittbeschreibung „Cucarachas" unter „Tanzhaltung").

7. Salsera kreuzt Salsero: Cross Body Lead

Cross Body Lead bedeutet sinngemäß „führe den Körper hinüber". Genau das passiert hier auch: Es findet ein Platzwechsel statt. Nach der Cross Body Lead steht der Herr, wo vorher die Dame stand und umgekehrt.

Dabei sollte der Herr der Dame soweit Platz machen, dass sie geradeaus auf einer Linie gehen kann. Das bedeutet, dass der Schritt 2 des Herrn etwas nach rechts zur Seite gehen muss, damit die Dame nach vorne "freie Bahn" hat.

Cross Body Lead ist eine der zentralen Figuren bei der Salsa. Es gibt hunderte oder sogar tausende von Variationen, viele davon von guten Tänzern erfunden, die dann sofort von anderen Salseros nachgetanzt werden und unter Szene-Namen wie "Dirk's Sequence" oder "Open Break à la Christian" kursieren. Salsa lebt!

Jedenfalls ist es eine sehr wichtige Figur, und sie zu beherrschen, wird Dir viele andere Variationen und Kombinationen erleichtern.

Die prägnantesten Bewegungen mit Drehung finden auf den Taktschlägen 3 und 4 statt (siehe Schritte 3 und 6). Hier taucht der Claves-Rhythmus auf (siehe im Kapitel „Heiße Rhythmen: Wie Du gute Salsa-Musik erkennst") und macht die Cross Body Lead zu einem typischen, latein-amerikanischen Bewegungsablauf.

Salsa		Cross Body Lead			Herr
Schritt	**drehe**	**IconDANCE©**	**zähle**	**Bemerkung**	**TS**
0	-		1-2-3-und-	Startposition, Salsa-Tanzhaltung offen oder geschlossen, LF frei	0
1	-		vor	LF vorwärts	1
2	-		seit	RF zur Seite, um D Platz zu machen, LH zur Führung nach unten nehmen	2
3	¼ links auf RF		dreh	der Dame Platz machen, linke Hand bleibt unten	3
4	-		rück	Dame weiter vorbeiführen	1
5	-		platz	Dame ist jetzt an der Wandseite	2

60

Salsa		Cross Body Lead			Herr
Schritt	drehe	IconDANCE©	Zähle	Bemerkung	TS
6	¼ links auf LF		dreh	Wieder vor die Dame drehen, linke Hand wieder hochnehmen	3

Nachfolgende Schritte: LF vor oder LF nach links seit.

Nachfolgende Figuren: Grundschritt (OTH oder GTH), Cucarachas, Cross Body Lead (OTH oder GTH).

Tanzhaltung: Offene Tanzhaltung mit den gegenüberliegenden Händen gefasst. Jeweils vor dem Hinüberführen der Dame wird die linke Hand H abgesenkt (Schritt 3, siehe auch Foto Schritt 3), so dass die Dame auf die CBL vorbereitet ist. Profis können beim Hinüberfüren sogar noch eine halbe Linksdrehung für die D einbauen.

Bemerkungen: Bei Schritt 2 darf der Herr nicht vergessen, der Dame Platz zu machen, damit diese geradeaus auf einer gedachten Linie nach vorne tanzen kann. Das ist später besonders wichtig, wenn die CBL für Variationen verwendet wird.

Salsa		Cross Body Lead			Dame
Schritt	Drehe	IconDANCE©	zähle	Bemerkung	TS
0	-		1-2-3-und-	Startposition, Salsa-Tanzhaltung geschlossen oder offen, RF frei	0
1	-		rück	RF rückwärts	1
2	-		platz	Gewicht auf den LF (Herr geht zur Seite und macht die "Bahn frei")	2
3	-		vor	RF vorwärts, vor den Herrn, der an der linken Seite steht	3-4
4	-		vor	LF vorwärts, am Herrn vorbei	1
5	½ links auf LF		dreh	Schnelle Linksdrehung auf dem LF, dann RF rückwärts; Herr muss gut führen	2

Salsa		Cross Body Lead			Dame
Schritt	**drehe**	**IconDANCE**©	**zähle**	**Bemerkung**	**TS**
6	-		ran	LF schließen; wer will, kann auf Schlag 4 noch einen Tap machen	3-4

Nachfolgende Schritte: RF rück oder RF nach rechts seit.

Nachfolgende Figuren: Grundschritt (OTH oder GTH), Cucarachas, Cross Body Lead (OTH oder GTH).

Tanzhaltung: Offene Tanzhaltung mit den gegenüberliegenden Händen gefasst. Jeweils vor dem Hinüberführen durch den Herrn wird die rechte Hand D abgesenkt (Schritt 3, siehe auch Foto Schritt 3), so dass die Dame auf die CBL vorbereitet ist. Profis können beim Hinüberführen sogar noch eine halbe Linksdrehung für die D einbauen.

Bemerkungen: Bei Schritt 2 muss der Herr zur Seite gehen und der Dame Platz zu machen, damit diese geradeaus auf einer gedachten Linie nach vorne tanzen kann. Das ist später besonders wichtig, wenn die CBL für Variationen verwendet wird.

Cross Body Lead

Grundposition: Schritt 0

Schritt 1

Schritt 2

H macht D Platz

Schritt 3

Schritt 4   *Schritt 5*

Schritt 6

8. Übungsfolge 4

Übungsfolge 4 ist gleichzeitig die fertige Folge für Anfänger. Durch die CBL kommt jetzt eine halbe Drehung hinein, so dass die Folge viel dynamischer und beweglicher wird als die bisherige, die immer am Platz getanzt wurde:

●
➜ 4 GS(1-8 in OTH)
➜ 4 CU(1-6)
➜ 4 HH(1-6)
➜ 1 CBL(1-6 in OTH)
➜●

Vorteil: Es kommt noch kein geschlossener Schritt vor, so dass Du zunächst ganz auf die Schritte und Figuren achten kannst. In den folgenden Figuren für Fortgeschrittene zeigen wir auch die geschlossene Tanzhaltung. Sie ist ein bisschen „gefährlicher", weil der geringere Abstand auch das Risiko des auf den Fuß Tretens etwas erhöht...
Aber bevor Du die Fortgeschrittenenfolgen anschaust, solltest Du diese Übungsfolge 4 gut beherrschen. Ideal ist es, wenn Du sogar schon von der fest vorgegebenen Folge abweichst und z.B. 2 oder 6 Grundschritte tanzt anstatt 4, 2 oder 6 Hand to Hand anstatt 4 usw. Das sind die Anfänge des Improvisierens.
Wenn Du beginnst, mehr auf die Musik zu hören und auf Deinen Tanzpartner zu achten und trotzdem tanzt, hast Du die Schritte drauf.
Dann laden wir Dich zum zweiten Teil ein: Salsa für Fortgeschrittene!

Mas y mas:
Mehr Figuren für mehr Spaß –
Folgen für Fortgeschrittene

Die Figuren für Fortgeschrittene unterscheiden sich in 3 wesentlichen Punkten von denen für Anfänger:

1. Wir führen die geschlossene Tanzhaltung ein und wechseln in unserer Folge zwischen der offenen und der geschlossenen Tanzhaltung.
2. Wir haben zahlreiche Drehungen für D und H in den Figuren (z.B. Ochos, Korb, Solodrehung).
3. Wir haben Rhythmuswechsel dabei (Cucarachas versetzt).

Außerdem wird die Folge und das Figurenrepertoire natürlich größer und damit interessanter.

Um diese schwierigeren Figuren zu lernen und zu tanzen, solltest Du zunächst wieder mit langsamerer Musik beginnen, selbst wenn Du die Folge für Anfänger schon gut beherrschst und auch gerne auf schnellere Musik tanzt.

Wir empfehlen Dir zum Üben diese Reihenfolge:

1. Schritte lernen ohne Musik
2. Schritte alleine mit langsamer Musik tanzen
3. Paarweise nur die neue Figur ohne Musik
4. Paarweise nur die neue Figur mit langsamer Musik
5. Gesamte neue Folge mit langsamer Musik
6. Gesamte neue Folge mit schnellerer Musik
7. Gesamte neue Folge mit wechselnder Reihenfolge der Figuren (improvisieren) mit langsamer Musik

9. Jetzt wird's cool: Der geschlossene Grundschritt

Die erotische Stimmung der Salsa entsteht besonders beim geschlossenen Grundschritt: Einerseits sind Dame und Herr Arm in Arm umschlungen, andererseits halten sie einen bestimmten Abstand mit etwas Gegendruck. Im Gegensatz zu den Standardtänzen (z.B. Walzer oder Foxtrott) gibt es bei der Salsa normalerweise keine Tuchfühlung, sondern stattdessen eine knisternde Spannung, die sich körperlich in der Tanzhaltung ausdrückt.

Geschlossene Tanzhaltung: Herr hat LF, Dame hat RF frei

Allerdings gibt es zahlreiche Figuren, die mehr als nur Tuchfühlung erfordern – in vielen Posen der Dame wird enger Beinkontakt getanzt. Manchmal schieben sich die Beine ineinander, nicht nur um besseren Halt zu gewährleisten. Diese Aussichten mögen ein Anreiz dazu sein, weiter und mehr zu lernen als in diesem Buch gezeigt werden kann...

Der Grundschritt in geschlossener Tanzhaltung ist von den Schritten her identisch mit dem in offener Tanzhaltung (siehe Seite 34 bis 37). Es genügt also, nun die bekannte Figur in der neuen Tanzhaltung zu tanzen, was nicht so schwer ist. Nach etwas Übung wird es Dir und Deinem Tanzpartner leicht fallen, je nach Situation und je nach vorangehenden oder nachfolgenden Figuren den Grundschritt mal in offener und mal in geschlossener Tanzhaltung zu tanzen.

Die linke Hand des Herrn und die rechte Hand der Dame haben etwas Spannung. Wichtig ist auch, dass sich die Dame nicht einfach beim Herrn „einhängt": Jeder trägt seinen Arm selbst! Wer will und das mag, kann auch etwas näher rücken und den gesamten Unterarm mit dem des Tanzpartners zusammenlegen (das sieht man auch gelegentlich in Europa, obwohl es eher in Nordamerika getanzt wird). Die linke Hand der Dame liegt auf der von der Dame aus gesehen linken Schulter des Herrn, und die rechte Hand des Herrn liegt auf dem vom Herrn aus gesehen rechten Schulterblatt der Dame.

Obwohl wir die Schritte auf den Seiten 34 bis 37 ja schon beschrieben haben, tanzen wir auf den zugehörigen Fotos in OTH. Deshalb zeigen wir nachfolgend den Grundschritt noch einmal in der GTH als Fotoserie:

Grundschritt in geschlossener Tanzhaltung

Grundposition: Schritt 0

Schritt 1

Schritt 2

Schritt 3

Schritt 4

Schritt 5

Schritt 6

10. Übungsfolge 5

Dies ist die erste Folge im Teil für Fortgeschrittene. Was ist anders? Die Übungsfolge 5 ist fast identisch mit der Übungsfolge 4, aber der Grundschritt wird jetzt nicht mehr in OTH, sondern in GTH getanzt. Ergebnis: Mehr Abwechslung beim Tanzen und beim Zuschauen. Natürlich ist es jetzt wichtig, dass Du die Schritte beherrschst, denn Du musst Dich nun wesentlich stärker auf das Führen konzentrieren als bisher.

Aus einem bestimmten Grund haben wir außerdem die Reihenfolge ein wenig geändert. Das ist auch deshalb nützlich, weil Du nun lernen musst, Dich nicht immer auf eine vorgegebene Reihenfolge zu verlassen. Ziel ist es, dass Du die passenden Figuren beliebig kombinieren kannst. Aber die Umstellung hat auch noch einen anderen Grund: Von der GTH in die modifizierte OTH der Cucarachas ist es etwas „holzig". Der Übergang ist nicht so gut tanzbar. Das Öffnen aus der OTH des GS in die HH ist dagegen sehr leicht, und von der OTH der HH in die modifizierte OTH der CU ist es wiederum leicht. So sieht die Übungsfolge 5 also aus:

●
➜ 4 GS(1-8 in **GTH**)
➜ 4 HH(1-6)
➜ 4 CU(1-6)
➜ 1 CBL(1-6 in OTH)
➜●

Der Übergang von CU in die CBL ist noch nicht so ideal, aber dafür werden wir in den nächsten Figuren eine Lösung haben.

11. Die Dame "dreht durch": Solodrehung für die Dame

Die Solodrehung für die Dame ist die erste wirklich „asymmetrische" Figur dieses Buches: Die Dame dreht, der Herr aber nicht. Stattdessen führt der Herr die Dame (und er ist natürlich deshalb immer schuld, wenn etwas schief geht: "Führungsfehler"! So einfach ist das beim Tanzen...).

Die Dame dreht tatsächlich im wahrsten Sinne des Wortes durch: unter dem Arm des Herrn nämlich!

Es ist wichtig, dass weder H noch D dabei auf den Boden blicken. Da könnte man als Zuschauer ja meinen, Du könntest die Schritte nicht, ohne hinzusehen (was natürlich völliger Quatsch ist)! Cool ist, sich beim Tanzen in die Augen zu schauen oder miteinander zu flirten. Ein gelegentliches Lächeln zu den Zuschauern kann natürlich auch nichts schaden.

Außerdem darf der Oberkörper nicht nach vorne gebeugt werden. Ralf Lepehne, ein legendärer lateinamerikanischer Tänzer und mehrfacher Meister, hat einmal zu uns gesagt: „Stellt euch vor, ihr würdet mit dem Po eine Geldmünze einzwicken. Wenn sie beim Tanzen nicht herunterfällt, macht ihr es richtig!"

Bei der Salsa geht es weniger streng zu, aber eine gute Haltung verändert die gesamte Ausstrahlung beim Tanzen. Sie ist es, die ein Tanzpaar auf Anhieb als „Profis" erscheinen lässt, noch bevor man länger zugeschaut hat und sieht, wie groß das Figurenrepertoire des Paares ist.

Salsa		Solodrehung für die Dame			Herr
Schritt	**drehe**	**IconDANCE©**	**zähle**	**Bemerkung**	**TS**
0	-		1-2-3-und-	Startposition, Salsa-Tanzhaltung offen oder geschlossen, LF frei	0
1	-		vor	LF vorwärts	1
2	-		platz	Gewicht auf den RF	2
3	-		ran	LF schließen	3
4	-		tap	RF tap am Platz; rechte Hand an Hüfte D fertig zum Durchführen, linke Hand heben	4
5	-		rück	RF rück; Dame unter angehobenem linken Arm durchführen	1

Salsa		Solodrehung für die Dame			Herr
Schritt	drehe	IconDANCE©	zähle	Bemerkung	TS
6	-		platz	Gewicht auf den LF; Dame drehen	2
7	-		ran	RF schließen; Hand senken, wieder normale Tanzhaltung einnehmen	3
8	-		tap	LF tap am Platz	∠

Nachfolgende Schritte: LF vor, LF links seit (nicht so gut, aber geht auch: LF rück).

Nachfolgende Figuren: Grundschritt (OTH oder GTH), Cucarachas, Cucarachas versetzt, Hand to Hand. Vor Ochos, Korb oder Cross Body Lead sollte ein Grundschritt eingelegt werden, sonst könnte die Folge „hektisch" wirken.

Tanzhaltung: Die Solodrehung kann in GTH oder OTH getanzt werden. Typisch ist es, sie in GTH zu tanzen und in der OTH zu enden. Sie ist also sehr gut geeignet, um von der geschlossenen in die offene TH oder die modifizierte OTH der Cucarachas zu kommen.

Der Herrenschritt ist hier identisch mit dem Grundschritt. Die "Kunst" für den Herrn besteht in der guten Führung der Dame.

Salsa		Solodrehung für die Dame			Dame
Schritt	**drehe**	**IconDANCE©**	**zähle**	**Bemerkung**	**TS**
0	-		1-2-3- und-	Startposition, Salsa- Tanzhaltung geschlossen oder offen, RF frei	0
1	-		rück	RF rückwärts	1
2	-		platz	Gewicht auf den LF	2
3	-		ran	RF schließen; wer will, kann mit dem LF noch einen Tap machen	3-4
4	¼ rechts auf RF		dreh	auf RF rechts drehen, dann LF vorwärts durch angehobenem Arm durchgehen	1
5	½ rechts auf BF		dreh	Beide Füße drehen am Platz	2

Salsa		Solodrehung für die Dame			Dame
Schritt	drehe	IconDANCE©	zähle	Bemerkung	TS
6	¼ rechts auf RF		dreh	erst Drehung auf RF abschließen, wieder vor den Herrn, dann LF schließt zum RF	3-⌐

Nachfolgende Figur: RF rück (nicht so gut, aber möglich: RF vor); RF rechts seit.

Nachfolgende Figuren: Grundschritt (OTH oder GTH), Cucarachas, Cucarachas versetzt, Hand to Hand. Vor Ochos, Korb oder Cross Body Lead sollte ein Grundschritt eingelegt werden, sonst könnte die Folge „hektisch" wirken.

Tanzhaltung: Die Solodrehung kann in GTH oder OTH getanzt werden. Typisch ist es, sie in GTH zu tanzen und in der OTH zu enden. Sie ist also sehr gut geeignet, um von der geschlossenen in die offene TH oder die modifizierte CTH der Cucarachas zu kommen. Dazu muss der Herr die Dame nach der Solodrehung in die offene TH führen und etwas mehr Abstand zur Dame halten.

Der Damenschritt 1 bis 3 ist identisch mit dem Grundschritt, erst bei den Schritten 4 bis 6 erfolgt die Drehung, die deshalb ziemlich schnell passieren und deshalb vom Herrn gut unterstützt werden muß.

Grundposition: Schritt 0

Schritt 1

Schritt 2

Schritt 3

Schritt 4

Schritt 5

Schritt 6

12. Übungsfolge 6

Da wir mit der Solodrehung jetzt einen idealen Übergang von der GTH in die modifizierte OTH der Cucarachas kennen, können wir die Cucarachas nun natürlich auch wieder direkt nach dem Grundschritt tanzen:

●
→ 3 GS(1-8 in GTH)
→ 1 SDD(H 1-8, D 1-6)
→ 4 CU(1-6)
→ 4 HH(1-6)
→ 1 CBL(1-6 in OTH)
→●

Dabei wird der vierte Grundschritt durch die Solodrehung ersetzt. Für den Herrn ändert sich außer der Führung damit nichts, denn seine Schritte 1 bis 8 der SDD sind ja identisch mit den Schritten 1 bis 8 des GS. Es ist lustig, dass trotzdem eher die Herren als die Damen Schwierigkeiten an dieser Stelle haben: offenbar sind sie so fasziniert von der Solodrehung der Dame, dass sie dabei doch glatt den Grundschritt vergessen...

13. El ritmo nuevo: Las Cucarachas versetzt

„Versetzt" ist in diesen Cucarachas der Rhythmus und damit der Schritt für den Herrn. Das sieht im Ergebnis sehr interessant aus, ist aber nicht so einfach zu tanzen.

Normalerweise tanzt der Herr auf Taktschlag 1 den LF und die Dame den RF. Bei den Cucarachas versetzt (CUV) tanzen dagegen Dame und Herr auf Taktschlag 1 RF. Um das möglich zu machen, muss der Herr auf dem letzten Taktschlag des vorangehenden Schrittes einen Gewichtswechsel tanzen.

Damit aber noch nicht genug: der nachfolgende Schritt wird wieder die normalen Schritte erfordern, und deshalb muss der Herr am Ende der Cucarachas versetzt wiederum einen Gewichtswechsel tanzen.

Beide Gewichtswechsel sind unten genauer beschrieben und in den Fotos gezeigt.

Das Praktische ist, dass die Dame ihre ganz normalen Cucarachas aus der Anfängerfolge tanzt. Das erleichtert nicht nur das Lernen der Cucarachas versetzt, sondern macht es auch möglich, dass der Herr diesen Schritt mit jeder Dame tanzt, die die Cucarachas tanzen kann. Ob versetzt oder nicht, entscheidet und tanzt auch allein der Herr.

Am besten sieht es aus, wenn Du erst 2 CU tanzt und dann 2 CUV (siehe bei Übungsfolge 7).

Salsa				Cucarachas versetzt	Herr
Schritt	drehe	IconDANCE©	zähle	Bemerkung	TS
0	-		1-2-3-und-	Startposition, OTH, RF frei (siehe Bemerkungen), Hände in Augenhöhe gefasst	0
1	-		seit	RF nach rechts zur Seite; Kopf nach rechts schauen	1
2	-		platz	LF mit Gewicht	2
3	-		ran	RF schließen; Kopf blickt zum Partner	3-4
4	-		seit	LF nach links zur Seite; Kopf nach links schauen	1
5	-		platz	RF mit Gewicht	2

Salsa		Cucarachas versetzt			Herr
Schritt	drehe	IconDANCE©	zähle	Bemerkung	TS
6	-		ran	LF schließen; Kopf blickt zum Partner; LF nur tap als Gewichts-wechsel	3-4

Nachfolgende Schritte: LF seit links, LF vor oder LF rück.

Nachfolgende Figur und Tanzhaltung: siehe CU, Seite 45.

Bemerkungen: Der Gewichtswechsel für den Herrn in Schritt 0 erfolgt bei der vorhergehenden Figur in Schlag 4. Im Grundschritt ist also der letzte Schritt (8) nicht mehr "tap", sondern hier wird der Gewichtswechsel getanzt. Der modifizierte Schritt 8 (siehe Seite 35) des Herren-Grundschritts als Vorbereitungsschritt für die CUV:

Salsa		Grundschritt Schritt 8 (Vorbereitung Cucarachas versetzt)			Herr
Schritt	drehe	IconDANCE©	zähle	Bemerkung	TS
8	-		platz	LF mit Gewicht (Vorbereitung zu den Cucarachas versetzt)	4

Wie Du siehst, entspricht dieser modifizierte Grundschritt genau der Startposition Schritt 0 von unseren CUV.

Schritt 8 des Herrn bei den CUV ist dann wieder ein Gewichtswechsel zurück zur "normalen" Belastung der Füße, so dass nun wieder Figuren getanzt werden können, die H LF beginnen und D RF.

Salsa		Cucarachas versetzt			Dame
Schritt	**drehe**	**IconDANCE©**	**zähle**	**Bemerkung**	**TS**
0	-		1-2-3-und-	Startposition, Salsa-Tanzhaltung offen, RF frei, Hände in Augenhöhe gefasst	0
1	-		seit	RF nach rechts zur Seite; Kopf nach rechts schauen	1
2	-		platz	LF mit Gewicht	2
3	-		ran	RF schließen; Kopf blickt zum Partner	3-4
4	-		seit	LF nach links zur Seite; Kopf nach links schauen	1
5	-		platz	RF mit Gewicht	2

Schritt	drehe	IconDANCE©	zähle	Bemerkung	TS
6	-		ran	LF schließen; Kopf blickt zum Partner	3-∠

Nachfolgende Schritte: RF seit rechts, RF vor oder RF rück.

Nachfolgende Figur: siehe „Cucarachas" auf Seite 47.

Tanzhaltung: siehe „Cucarachas" auf Seite 47.

Cucarachas versetzt

Grundposition: Schritt 0

Schritt 1

Schritt 2

Schritt 3

Schritt 4

Schritt 5

Schritt 6

14. Übungsfolge 7

Anstatt die Cucarachas versetzt hinten an die bisherige Übungsfolge anzuhängen, ersetzen wir die letzten 2 Cucarachas durch versetzte. Das sieht gut aus und tanzt sich auch gut, weil die Tanzhaltung ja gleich bleibt:

●
→ 3 GS(1-8 in GTH)
→ 1 SDD(H 1-8, D 1-6)
→ 2 CU(1-6, Nr.2 Schritt 6 mit Gewichtswechsel)
→ 2 CUV(1-6, Nr.2 Schritt 6 mit Gewichtswechsel)
→ 4 HH(1-6)
→ 1 CBL(1-6 in OTH)
→●

Zwei Dinge sind dabei zu beachten:

1. Die ersten CU werden wie bisher getanzt. Bei der Wiederholung, also den CU Nr.2, tanzt der Herr beim letzten Schritt einen Gewichtswechsel wie die IconDANCE© auf Seite 83 zeigen.
2. Die ersten CUV werden am Schluß ohne Gewichtswechsel getanzt, denn es kommen ja noch einmal CUV in der Wiederholung. Der Gewichtswechsel wird erst beim letzten Schritt der Wiederholung als Übergang zur nachfolgenden Figur, den HH, eingesetzt.

15. "Te quiero": Der Korb

Beim Korb dreht der Herr die Dame in seine Arme. In dieser engen Umarmung wird weitergetanzt und -geflirtet. Beim Korb zeigt der Herr, dass er die Dame nah bei sich haben will, und sie geht natürlich nur vorübergehend darauf ein.

Es gibt zahlreiche Varianten des Korbes, verschiedene Eingänge und noch mehr Ausgänge. Einige dieser Varianten enthalten auch Posen. Der Korb ist deshalb eine Art Basisfigur für neue Figuren und deshalb sehr wichtig.

Wenn Du den Korb beherrschst und ein anderes Paar auf der Tanzfläche eine Variante tanzen siehst, wird es Dir leicht fallen, die Variante nachzutanzen.

Genau genommen haben wir es beim Korb auch mit einer neuen Tanzhaltung zu tun: mit einer modifizierten geschlossenen Tanzhaltung nämlich, weil D und H nicht mehr voreinander, sondern nebeneinander stehen (siehe die Beschreibung dazu auf den Folgeseiten).

Außerdem enthält der Korb gleich zwei Drehungen für die Dame, eine linksherum in den Korb herein und eine rechtsherum aus dem Korb hinaus.

Ganz schön kompliziert also. Aber wenn Du bis hierher gekommen bist (und sonst würdest Du diese Zeilen ja nicht lesen), wirst Du den Korb mit etwas Übung ebenfalls schnell beherrschen.

Salsa		Der Korb			Herr
Schritt	drehe	IconDANCE©	zähle	Bemerkung	TS
0	-		1-2-3-und-	Startposition, Salsa-Tanzhaltung offen oder geschlossen, LF frei	0
1	-		rück	LF rückwärts mit Gewicht	1
2	-		platz	RF mit Gewicht am Platz, D wird zum Korb geführt: RA zur Seite, LA vor das Gesicht der D führen	2
3	-		ran	LF zu RF schließen; D an die rechte Seite führen, LH über den Kopf führen – D kommt in den RA	3-4
4	-		rück	RF rückwärts mit Gewicht, D tanzt an der rechten Seite im Arm	1
5	-		platz	LF mit Gewicht am Platz, D wird aus dem Korb geführt: LA nach vorne und leicht anheben	2

90

Salsa		Der Korb			Herr
Schritt	drehe	IconDANCE©	zähle	Bemerkung	TS
6	-		ran	RF zum LF schließen; LA so anheben, dass D darunter drehen kann, RA unterstützt Drehung; D kommt wieder nach vorne in die OTH	3-4

Nachfolgende Schritte: RF seit rechts, RF vor oder RF rück.

Nachfolgende Figur: Grundschritt (OTH), Solo-Drehung der Dame oder Ochos.

Tanzhaltung: Offene Tanzhaltung mit den gegenüberliegenden Händen gefasst.

Salsa		Der Korb			Dame
Schritt	drehe	IconDANCE©	zähle	Bemerkung	TS
0	-		1-2-3- und-	Startposition, Salsa- Tanzhaltung geschlossen oder offen, RF frei	0
1	-		rück	RF rückwärts mit Gewicht	1
2	-		vor	LF vor mit Gewicht an die von D aus gesehen linke Seite des H	2
3	½ links auf LF		ein- drehn	schnelle Linksdrehung auf LF, danach RF belasten; H führt D in seine Arme (in den "Korb")	3-4
4	-		rück	H steht an Deiner linken Seite, Schritt wird nebeneinander getanzt	1
5	-		vor	RF vor wieder nach vorne vor den H	2

92

Salsa		Der Korb			Dame
Schritt	drehe	IconDANCE©	zähle	Bemerkung	TS
6	½ rechts auf RF		aus-drehn	Drehung rechts auf dem RF, dann LF schließen mit Gewicht; H führt Ausdrehen, Ende wieder OTH	3-4

Nachfolgende Schritte: RF seit rechts, RF vor oder RF rück.

Nachfolgende Figur: Grundschritt (OTH), Solo-Drehung der Dame oder Ochos.

Tanzhaltung: Offene Tanzhaltung mit den gegenüberliegenden Händen gefasst.

Bemerkungen: Rückwärtsschritt (Schritt 1) nicht zu groß, da H ebenfalls zurück tanzt und eine zu große Entfernung dazu führen würde, dass sich beide nach vorne beugen müßten, um die Hände gefasst zu halten.

Der Korb

Grundposition: Schritt 0

Schritt 1

Schritt 2

Schritt 3

Schritt 4

Schritt 5

Schritt 6

16. Übungsfolge 8

Die neue Folge ist nun schon ziemlich kompliziert:

●
→ 3 GS(1-8 in GTH)
→ 1 SDD(H 1-8, D 1-6)
→ 2 CU(1-6, Nr.2 Schritt 6 mit Gewichtswechsel)
→ 2 CUV(1-6, Nr.2 Schritt 6 mit Gewichtswechsel)
→ 4 HH(1-6)
→ 1 CBL(1-6 in OTH)
→ 1 GS(1-8 in OTH)
→ 1 KB(1-6)
→ 1 SDD(H 1-8, D 1-6 in die GTH)
→ 1 CBL(1-6 in GTH)
→●

Langsam wirst Du es einfacher finden, statt der festen Folge einfach die Figuren frei zu variieren. Falls Du also beim Üben und Tanzen der Übungsfolge 8 einmal den Faden verlieren solltest, versuche einfach weiterzutanzen und beliebige Figuren miteinander zu kombinieren. Wenn Du noch überlegen musst, welche Figur Du jetzt gerade tanzen kannst, fehlt Dir noch Übung. Wenn du es „drauf" hast, wirst Du die Figuren ohne Nachdenken einfach tanzen!
Bis dahin hilft Dir die feste Folge weiter. Ein guter Trick zum Üben des Improvisierens ist es, vorher eine bestimmte Auswahl an Figuren abzusprechen (z.B. nur die Figuren aus Übungsfolge 3) und die Reihenfolge beizubehalten, aber die Anzahl der Wiederholungen nicht festzulegen. Als nächstes wird die Reihenfolge frei bestimmt. Und dann kannst Du es!

17. Jetzt wird's kompliziert: Die Ochos

Inzwischen gehörst Du schon zu den fortgeschrittenen Salsa-Tänzern. Wenn Du aber auf Salsa-Parties gehst und dort die Tänzer beobachtest, wirst Du Dir bei einigen immer noch wie ein Anfänger vorkommen. Salsa ist eine Leidenschaft, und jetzt beginnt Dein Leben als Salsa-Tänzer!

Du lernst von anderen, kopierst, variierst, improvisierst Figuren. Du hast die Basis, kannst die Grundfiguren, Drehungen und Bewegungen. Du kennst den Takt, den Rhythmus und das Gefühl, Salsa zu tanzen.

Die Ochos sind die letzte Figur dieses Buches. Sie bilden den Abschluß dieser systematischen Einführung.

Der Name „Ochos" bedeutet im Spanischen „Achten", weil die Schritte von Dame und Herr am Boden eine Doppelschleife in Achtform „8" bilden.

Um die Ochos zu führen, muss der Herr abwechselnd mit der linken und rechten Hand führen. Außerdem sind die Ochos eine Drehung. Du siehst, warum die Ochos die letzte Figur dieses Buches sind: Du musst Schritte, Drehung und wechselnde Führung gleichzeitig beherrschen.

Es hilft jedenfalls sehr, dass Du gerade den Korb gelernt hast. Die Ochos 1-3 sind nämlich im Prinzip ein Korb, bei dem der Herr die Dame nicht in den Arm nimmt, sondern gleich weiterdrehen läßt, indem er die rechte Hand löst. Danach folgt mit den Ochos 4-6 wieder eine Art Herren-Korb, bei dem sich der Herr zur Dame in den Korb dreht und dann sofort weiterdreht, indem der Herr die linke Hand löst (mit der gefassten rechten Hand wird weitergeführt, siehe unter „Bemerkungen" bei den Schritten). Beide Teile zusammen bilden die Ochos 1-6 und die am Boden liegende „8".

Salsa			Ochos			Herr
Schritt	drehe	IconDANCE©	zähle	Bemerkung		TS
0	-		1-2-3-und-	Startposition, Salsa-Tanzhaltung offen, LF frei		0
1	-		rück	LF rück mit Gewicht, RF noch am Platz		1
2	-		vor	RF vor mit Gewicht auf die von H aus gesehene linke Seite der D zu, LF bleibt am Platz		2
3	¼ bis ½ rechts auf RF		drehn	Drehen auf RF, H führt D vorne unter angehobenem LA vorbei, nach ½ Drehung wird LF belastet		3-4
4	-		rück	RF rück mit Gewicht, LF noch am Platz		1
5	-		vor	LF vor mit Gewicht auf die von H aus gesehen linke Seite der D zu, RF bleibt am Platz		2

98

Schritt	drehe	IconDANCE©	zähle	Bemerkung	TS
6	¼ bis ½ links auf LF		drehn	Drehen auf LF, H führt D hinten vorbei und tanzt selbst unter angehobenem RA durch, nach ½ Drehung wird RF belastet	3-4

Nachfolgende Schritte: LF rück.

Nachfolgende Figur: Siehe „Dame".

Tanzhaltung: Offene Tanzhaltung mit den gegenüberliegenden Händen gefasst.

Bemerkungen: Bei schneller Salsa-Musik werden die Drehungen i.d.R. etwas weniger als ½ getanzt, so dass nach 1-6 der Ochos noch keine ganze Drehung gelungen ist. Das macht aber nichts, denn erstens kannst Du einfach weitere Ochos tanzen, bis die Drehung komplett ist, und zweitens kannst Du natürlich in jeder Drehposition die Ochos beenden und die nachfolgende Figur tanzen. Beachte, dass die IconDANCE©-Wandposition der Schrittbeschreibung jeweils die halbe Drehung zeigt, obwohl bei "drehe" steht "¼ bis ½". Als Eingangsfigur eignet sich besonders gut der Korb. Das Schwierigste bei den Ochos ist die Führung:

Bei 1-2 beide Hände gefasst, bei 3 RH des Herrn lösen und am Rücken der Dame entlanggleiten lassen, bis D LH und H RH sich wieder finden. Bei 4-5 wieder beide Hände gefasst, bei 6 LH des Herrn lösen, RH der Dame gleitet am Rücken des Herrn entlang, bis sich H LH und D RH wieder finden.

Salsa		Ochos			Dame
Schritt	**drehe**	**IconDANCE©**	**zähle**	**Bemerkung**	**TS**
0	-		1-2-3-und-	Startposition, Salsa-Tanzhaltung offen, RF frei	0
1	-		rück	RF rück mit Gewicht, LF noch am Platz	1
2	-		vor	LF vor mit Gewicht auf die von D aus gesehen linke Seite des H zu, RF bleibt am Platz	2
3	¼ bis ½ links auf LF		drehn	Drehen auf LF, H führt D vor sich unter angehobenem LA vorbei, nach ½ Drehung wird RF belastet	3-4
4	-		rück	LF rück mit Gewicht, RF noch am Platz	1
5	-		vor	RF vor mit Gewicht auf die von H aus gesehen linke Seite der D zu, LF bleibt am Platz	2

Salsa		Ochos			Dame
Schritt	**drehe**	**IconDANCE®**	**zähle**	**Bemerkung**	**TS**
6	¼ bis ½ rechts auf RF		drehn	Drehen auf RF, H führt D hinter sich vorbei und tanzt selbst unter angehobenem RA durch, nach ½ Drehung wird RF belastet	3-4

Nachfolgende Schritte: RF rück.

Nachfolgende Figur: Obwohl andere Figuren möglich sind, empfehlen wir den Grundschritt (OTH oder GTH) oder die Solo-Drehung der Dame, weil sie 1-3 mit dem Grundschritt identisch ist. Jede andere Figur dieses Buches würde nach den Drehungen etwas erzwungen wirken, während die Ochos sehr schön im Grundschritt „abgebremst" werden können.

Tanzhaltung: Offene Tanzhaltung mit den gegenüber-liegenden Händen gefasst.

Bemerkungen: Siehe „Herr".

Grundposition: Schritt 0   *Schritt 1*

Schritt 2   *Schritt 3*

Schritt 4

Schritt 5

Schritt 6

18. Übungsfolge 9

Die letzte und längste Übungsfolge enthält nun auch die Ochos und sieht so aus:

●

→ 3 GS(1-8 in GTH)
→ 1 SDD(H 1-8, D 1-6)
→ 2 CU(1-6, Nr.2 Schritt 6 mit Gewichtswechsel)
→ 2 CUV(1-6, Nr.2 Schritt 6 mit Gewichtswechsel)
→ 4 HH(1-6)
→ 1 CBL(1-6 in OTH)
→ 1 GS(1-8 in OTH)
→ 1 KB(1-6)
→ 2 OS(1-6)
→ 1 SDD(H 1-8, D 1-6 in die GTH)
→ 1 CBL(1-6 in GTH)
→●

Wenn Du diese Folge zweimal auf eine schnelle Salsa durchgetanzt hast, weißt Du, warum Tanzen ein Sport ist... Am meisten Spaß macht es natürlich an einer Strandbucht am Meer mit Lagerfeuer und Cocktails, guter Salsa-Musik und barfuß im Sand.

Bei vielen Salsa-Parties werden zwischendurch auch mal andere Sachen aufgelegt oder gespielt. Vor allem die Merengue kommt öfter mal vor. Es ist ein ganz einfacher Spaß-Tanz, bei dem sich D und H gegenüberstehen und die gegenüberliegenden Hände fassen. Der Schritt ist einfach seit-schließen-seit-schließen....vamos bailar!

Salsa y amigos:
Kurzprofile einiger mit Salsa verwandter Tänze

Merengue

Der Merengue (sprich: Me-ren-ge) war ursprünglich ein Bauerntanz der Dominikanischen Republik, bis er wie der Son aus Kuba weltweite Verbreitung fand. Heute wird er gerne als Abwechslung und Spaßbringer bei Salsa-Parties eingesetzt. Ein extrem einfacher Grundschritt macht den Merengue zum Freund jedes Tanzmuffels. Der Grundschritt besteht prinzipiell nur aus abwechselnden Seit-Schließen-Schritten, die durch gegenläufige Hüftbewegungen etwas erschwert werden (wobei man die Hüftbewegung notfalls auch weglassen kann – bei dem Merengue ist der Spaß entscheidend!).

Obwohl es zahlreiche Stilrichtungen gibt (z.B. den Bolemerengue, Jalemerengue, Juangomero und Pambeche), lassen sich 2 Grundtypen unterscheiden: den "traditionellen" und den "städtischen" Merengue. Ersterer ankert im bäuerlichen Milieu und wird von Combos aus drei bis vier Feierabendmusikern vorgetragen ("perico ripiao", das bedeutet "Papagei zubereiten": zum erlegten Papagei wurde eine Feier veranstaltet). Die Texte, die man gewöhnlich in Mundart singt, werden traditionell von einer Tambora, einer Güira und einem Akkordeon begleitet. Perico-ripiao-Combos spielen (ohne Papagei...) in der Dominikanischen Rebublik sehr zur Freude der Urlauber oft am Strand oder musizieren, angeworben von den Hotels, zur Abendunterhaltung.

Der "städtische" Merengue, der auf dem Medienmarkt und in den Nachtclubs dominiert, ist umfangreicher instrumentiert.

105

Zu den bereits genannten Instrumenten gesellen sich Trompete, Posaune, E-Bass und Synthesizer. Meist handelt es sich bei den Interpreten um ausgebildete Musiker. Seine neuesten Auswüchse sind in Mischformen wie Tecno-, Rap- oder HipHop-Merengue auch in den internationalen Charts und Discotheken vertreten, wie z.B. von Proyecto Uno, Sandy & Papo u.v.a.

Traditionell setzt sich ein Merengue-Stück aus drei Suiten zusammen: dem Paseo oder Entree, das der Tanzvorbereitung dient, dem Merengue, der das Thema des Werkes entwickelt und dem Jaleo, einer Art Crescendo, der als Höhepunkt meist mehrstimmig vorgetragen wird. Die Merengue-Texte erinnern an die afro-amerikanische Bluestradition. Obwohl natürlich der Themenauswahl keine Grenzen gesetzt sind, besingen die Lieder überwiegend Frauen, enttäuschte Liebe, Trinkgelage, prominente Zeitgenossen und historische Helden. Auch kommentieren sie die Alltagswelt, insbesondere die Armut und politische Mißstände. Typisch für den Merengue ist der zündende Refrain, den die Sänger meist mehrstimmig ständig wiederholen. Liebeslieder erschrecken prüde Gemüter mit frivolem Hintersinn, sozialer Protest mischt sich mit frechem Humor.

Ein Höhepunkt für jeden Merenguero ist das Festival del Merengue, das in der Dominikanischen Republik jedes Jahr in der dritten Juliwoche stattfindet. Tausende Dominikaner und Urlauber drängeln sich auf der Avenida George Washington entlang dem Malecón, der Strandpromenade Santo Domingos, und tanzen ausgelassen zu den Rhythmen der Combos, die auf provisorischen Plattformen das Publikum anheizen.

Bolero

Als Bolero gilt heutzutage ein spanischer Volkstanz, der vor allem in Kastilien und Andalusion gepflegt wird. Die Tanzweise steht im 3/4-Takt, das Tanztempo ist mäßig. Der Tänzer begleitet sich selbst mit Gesang und Kastagnetten, die den Rhythmus scharf markieren. Weitere Begleitinstrumente sind die Gitarre und das Tambourin. Charakteristisch für den Tanz ist ein plötzliches Anhalten in der Bewegung verbunden mit einer Pose, bei der der Arm über den Kopf emporgestreckt wird.

Historisch gesehen ist der Bolero jedoch eine musikalische Form, die sich aus den Seguidillas ableitete. Aus Tanztraktaten und literarischen Quellen geht hervor, dass der Bolero um 1780 von spanischen Tänzern erfunden wurde und sich bald in ganz Spanien zu verbreiten begann. Dabei teilte sich das Bürgertum der Mittel- und Oberschicht in herablassend Currutacos (Stutzer) genannte Nachahmer von ausländischen Modeerscheinungen wie z.B. Menuetten und in Verfechter der neuen komplizierten Kontertänze, die sich selbst als Majos (schmucke Burschen) bezeichneten. Aus dem Wort "Majos" leitet sich übrigens unsere moderne Bezeichnung "Machos" ab. Die Anhänger dieser Bewegung sahen im Bolero ein wichtiges Mittel zur Verbreitung ihrer Moden und Ideologien.

"Der Bolero und der Zorongo erfreuten den Saal, ließen die Kastagnetten aneinander stoßen, brachten die Saiten der Gitarren zum klingen und alle riefen: 'Bien parado'. (J. Fernández de Rojas 1795)

Der Bolero wurde begeistert vom Volk aufgenommen und erweckte gleichzeitig die Neugier der gehobenen Gesellschaftsschichten. Theaterunternehmer benutzten ihn als wirkungsvolle Einlage in den Zwischenspielen und entwickelten den Bolero zu einem virtuosen Tanz mit einer dramatischen Bedeutung.

Um 1810 kam der spanische Bolero nach Kuba, wo er sich bald ebenfalls großer Beliebtheit erfreute. Allerdings wurde er hier nicht in seiner ursprünglichen Form belassen, sondern mit der Habanera und den afrokubanischen Musikformen wie der Conga, dem Danzón und der Contradanza vermischt und zu einem wesentlich abgeänderten Liedstil entwickelt. Somit ist der spanische Bolero unbedingt vom Bolero Cubano zu unterscheiden, der eher als eine Abart der Rumba betrachtet werden kann. Sowohl der Rhythmus als auch die Begleitung wechselten. Das Tempo des Bolero Cubano ist langsamer. Er steht im 2/4- oder 2/2-Takt. Die Kastagnetten des spanischen Bolero wurden durch afrokubanische Perkussionsinstrumente wie Bongos, Congas und Claves ersetzt. Von Kuba aus gelangte der Bolero nach Mittelamerika. Es ergaben sich Mischformen wie z.B. der Bolero-Son, mit denen der Bolero seinen Einfluß auf die heutige Salsa nahm.

Mambo

Der Begriff "Mambo" stammt aus dem religiösen Bereich der afrostämmigen Kubaner und bedeutet soviel wie "heilige Handlung", aber auch "Versammlung" oder "Gespräch". Die Trommeln als heilige Instrumente redeten miteinander und mit den Göttern. Es entstand eine polymetrische Unterhaltung, in der jeder Musiker individuell seinen eigenen Rhythmus in verschiedenen Tonlagen schlug.

Auch im modernen Mambo findet man diese Überschneidung und die Verbindung unterschiedlicher Rhythmen. Der in Kuba geborene Musiker Anselmo Sacasas entwickelte aus der traditionellen afro-kubanischen Musikform den ersten eigentlichen Mambo-Stil. Sein 1944 erschienener Mambo war in allen damals aktuellen Hitlisten zu finden. Als ebenso bekannt galt das Mambo-Orchester Machito.

Im Zweiten Weltkrieg, als kubanische Musiker in die USA einwanderten, kam es zur Verflechtung des nordamerikanischen Jazz mit den kubanischen Rhythmen (Afro-Cuban-Jazz). Vor allem die Betonung des damaligen Swing auf die Taktschläge 2 und 4 faszinierte die kubanischen Musiker derart, daß sie diese Gewohnheit im Mambo-Rhythmus adaptierten. Von New York aus gelangte der Mambo 1955 auch nach Europa.

Der Mambo-Tanz ist mit dem heutigen Salsa-Schritt im New Yorker Stil identisch. Da es für Tänze keine Normierung gibt und sie ständigem Wandel unterworfen sind (und sein müssen, um interessant zu bleiben), herrschte jahrelang Verwirrung über die Technik und die Ausführung des Mambo. Wegen seiner rhythmischen und tänzerischen Kompliziertheit wurde er in den 60ern vom Cha-Cha-Cha verdrängt.

Nach jahrzehntelanger Vergessenheit verhalf eine Filmwelle im Jahre 1987 dem Mambo wieder zu mehr Popularität und auch zu einer Art Standard. Mit "Mambo-Kings" und "Dirty Dancing" brach das Tanzfieber erneut aus und - verschwand ebenso rasch, wie es kam, nicht aber ohne ein wichtiger Geburtshelfer für den Salsa-Boom geworden zu sein!

Cha-Cha-Cha

Der Cha-Cha-Cha (auch spanisch geschrieben: Chachachá) wird auch als eine Abart der Rumba betrachtet. Er ist ebenso wie der Mambo, aus dem er hervorging, im Grunde genommen eine künstliche Tanzschöpfung, als deren Erfinder Enrique Jorrin (Habana 1953) gilt.

Die ursprünglich Mambo-Chachachá genannte Tanzform avancierte 1956 zu einem der weltweit beliebtesten modernen Gesellschaftstänze. Sein Name ist eine Tonmalerei, da das "Cha-Cha-Cha" in der Musik als durch Percussion betonte Triole (auf den Taktschlägen 4-und-1) enthalten ist und entsprechend mit drei Schritten getanzt wird.

Vallenato

Vallenato-Musiker waren zuerst Troubadoure und Spieler: Männer, die übers Land zogen und die Natur, ihre Erlebnisse und natürlich die Frauen und die Liebe besangen. Gleichzeitig wurden auf diesem Wege schnell die letzten Nachrichten und Ereignisse übermittelt. Die Nachrichten bekamen Leben und Gefühl und erreichten so auch die einfachen Leute, wenn sie so gesungen und musiziert wurden. Musiker reisten auf Pferden und Eseln durch die Küstenregionen und säten Liebe und Kinder - ganz wie der Minnegesang im mittelalterlichen Europa.

Das erste Akkordeon soll einer Legende zufolge um die Jahrhundertwende mit einem Schiff aus Deutschland nach Amerika gekommen sein.

Ein Schiff mit einer Ladung von Instrumenten für Argentinien hatte einen Maschinenschaden und musste an der kolumbianischen Karibik-Küste bei Guajira landen. Türkische Händler kauften die Akkordeons und verkauften sie weiter an die schwarzen Arbeiter der Baumwoll- und Bananenplantagen. Sechs Monate mussten die Arbeiter sparen, um sich ein solches Instrument leisten zu können. Wenn sie dann endlich in der Lage waren, ein Akkordeon zu erstehen, liefen sie stolz durch die Straße des Dorfes und spielten. Die ganze Bevölkerung folgte ihnen. Der Wert eines Akkordeons für einen Spieler der damaligen Zeit wird deutlich, wenn man die feinen und mühevollen Verzierungen mit Motiven wie Papageien oder kleinen Spiegeln sieht. Niemand konnte jedoch das Akkordeonspiel unterrichten, so dass aus den Hütten bald ein ganz eigener, selbsterfundener Stil zu erklingen begann.

Die Lieder strömten einfach aus den Herzen der Spieler. Noch heute sagt man, daß der Vallenato-Stil nicht zu erlernen ist - er kann nur gefühlt werden. Die Akkordeonspieler stammten aus einer Region und einer Zeit, in der Magie und Verzaubern aus Liebe und Haß so selbstverständlich wie das tägliche Brot waren.

Aus diesen Verhältnissen gingen Meister des Akkordeonspiels wie Abel Antonio Villa und Francisco Moscote hervor. Speziell um Francisco Moscote ranken sich unzählige Legenden, die durch Gabriel Garcia Marquez sogar Eingang in die Weltliteratur gefunden haben. Er soll "Francisco El Hombre" gewesen sein, ein Troubadour, der in der ganzen Küstenregion Kolumbiens berühmt war. Eines Tages, nach einer durchfeierten Nacht, ritt er auf seinem Pferd ins nächste

Dorf. Auf dem Weg soll ihm der akkordeonspielende Teufel begegnet sein. Dank eines spontan komponierten Liedes konnte Francisco den Teufel in einem Akkordeon-Duell besiegen, das mit folgender Zeile beginnt:
"Es ist die Liebe, die Liebe, die mich bewegt;
kein Gedanke an Tod, wenn Musik mich belebt...".
In dieser Zeit wurde die Musik nur gehört, erst im folgenden begannen die Zuhörer auch zu tanzen. Später entstanden auch verschiedene Vallenato-Stile:

- el Paseo, ein langsamer, romantischer Stil mit längeren Akkordeon-Einlagen,
- Paseaito, eine von Alfredo Gutierrez und Calixto Ochoa entwickelte Variation des Paseo,
- la Puya, schnell und rhythmisch,
- Callenato-cumbia und
- la Piquería.

La Piquería ist wie ein Hahnenkampf, in dem sich zwei Akkordeonspieler gegenüberstehen und mit vierzeiligen gereimten Versen den anderen zu übertrumpfen versuchen. Dabei muss der Gegner sein Lied immer mit den letzten zwei Zeilen des anderen beginnen. Zusätzlich wird dieses Duell vom Geschrei und Applaus des Publikums begleitet.
In den letzten zehn Jahren hat die Vallenato-Musik viele andere musikalische Stile aufgenommen, wie den Merengue und sogar Elemente des Rock. Die klassischen Instrumente des Vallenato sind neben dem Akkordeon nur die Bombo-Trommel (la Caja) und die Reibe (la Guacharaca). In dieser Musik vereinen sich also die drei Kontinente Europa, Afrika

und Indo-Amerika. Später kamen andere Instrumente wie Gaita, Klarinette, Klavier, Schlagzeug und E-Gitarre hinzu.

Die Vallenato-Musik war bis 1967 ein regionaler, im übrigen Land unbekannter Musikstil. In jenem Jahr wurde das erste Festival der Vallenato-Musik - das "Festival de la Leyenda Vallenata" veranstaltet, das seitdem alljährlich im April in Valledupar, der Hauptstadt der Provinz Cesár stattfindet. Dort können sich die besten Vallenato-Musiker in einem Wettstreit messen, als dessen Sieger der König der Vallenato-Spieler - "el Rey Vallenato" hervorgeht. Erster Vallenato-König war Alejo Durán, der schwarze Magier des Akkordeons. Er galt als monumentale Persönlichkeit in jeder Beziehung und zeugte fast so viele Kinder wie Lieder. Auf über fünfzig wird seine direkte Nachkommenschaft geschätzt (so genau wußte er es sicher auch nicht). Sein Begräbnis war dem eines Stammesfürsten würdig. Sein Testament hatte er in einem Lied hinterlassen: "...wenn ich sterben werde, möchte ich mit meinem Akkordeon begraben werden...". Dieses Vermächtnis wurde unter den Klängen von zehn Vallenato-Gruppen pompös und schlicht zugleich erfüllt.

Auch heutzutage ist der Titel "el Rey Vallenato" Voraussetzung für Ruhm und kommerziellen Erfolg. Radio- und Fernsehsender sorgen für die Verbreitung der Musik im ganzen Land. So konnte beispielsweise der junge Sänger Carlos Vives mit dem Verkauf von 8.000.000 Stück seiner Vallenato-Platte "Clásicos de la Provincia" einen absoluten Rekord in der Geschichte des Vallenato aufstellen. Seine Lieder fanden sogar Eingang in die internationalen Charts.

Cumbia

Die Cumbia oder Cumbiamba gilt als der traditionell wichtigste Musikstil an der kolumbianischen Karibik-Küste. Ihr Name entstammt dem Wort "Cumbé", einem populären afrikanischen Tanz aus der Region von Batá in Guinea. Dabei bedeutet "Cum" Trommel und "ia" sich bewegen oder sich schütteln. Ursprünglich von den Sklaven nach Kolumbien gebracht, vermischte sich der Cumbé im Laufe der Zeit mit indianischen und spanischen Elementen und wandelte sich so in die Cumbia, einem Tanz der Mestizen.

In der Kolonialzeit breitete sich die Cumbia in den Regionen von Cartagena, Santa Marta und Magdalena aus. Die wahre Cumbia war ein Ritualtanz und begann mit sehr langsamen Rotationen, dauerte Stunden und Tage.

In diesem rituellen, erotischen Tanz repräsentiert die Frau das indianische und der Mann das afrikanische Element. Die Frau hält ein Bündel von brennenden Kerzen in der Hand, während der Mann sie mit lasziven Bewegungen umwirbt, ohne sie jedoch zu berühren. Es ist die Frau, die die Kerzen trägt, denn sie ist das Licht, das den Mann auf seinen Wegen führt. Die Paare tanzen im Kreis um die Musiker herum. Die Männer tragen weiße Hosen und Hemden, ein rotes Halstuch und einen Hut aus Palmenfasern. Dabei haben sie Indiobeutel bzw. Machetenfutterale umgehängt. Die Frauen sind mit langen, weiten Röcken (Polleras) und Rüschenblusen im traditionellen Rotweiß-Karomuster bekleidet. Das Ritual beginnt: die Männer versuchen die Frauen zu erobern; diese weichen aus, lassen sie ins Leere laufen, geben sich ihnen momentan hin...

Die Cumbia war zum Anfang nur ein Tanz ohne Gesang, der noch im 17. Jahrhundert ausschließlich von Trommeln begleitet wurde. Erst später wurden die Instrumente um indianische und europäische Elementen erweitert. Die wichtigsten indianischen Instrumente sind die Gaitas und die Maracas. Die Gaitas sind Flöten und nicht zu verwechseln mit den gleichnamigen europäischen Instrumenten. Sie werden aus einem Kaktus (cardón) hergestellt und traditionell von den Cuna-Indios im Choco-Urwald und den Kogis in der Sierra Nevada von Santa Marta gespielt. Die weibliche Gaita besitzt fünf Öffnungen und trägt die Melodie bzw. den Gesang. Die männliche Gaita hat nur ein Loch und markiert die tiefen Töne d.h. den Schlag des Liedes. Der schwarze Kopf dieser Flöte ist aus mit pulverisierter Pflanzenkohle gemischtem Bienenwachs gefertigt; das Mundstück besteht aus einem Stück Entenfeder. Als zweites indianisches Instrument gelten die Maracas, kleine Kalebassen-Kürbisse, die mit Samen, kleinen Steinen oder Reis gefüllt sind. Außerdem kommen in der Cumbia-Musik drei verschiedene Trommeln vor - die männliche Trommel "el Llamador" (der Rufer) von etwa 25 cm Höhe, die weibliche Trommel "el Alegro" (der Fröhliche) von 70 cm und der "Bombó" oder auch "Tambora" mit zwei Membranen. In jüngerer Zeit waren in der Cumbia-Musik auch die Klänge des europäischen Akkordeons zu finden, später kamen auch die Caja (Marschtrommel), die Klarinette, verschiedene andere Blasinstrumente und das Klavier hinzu.
Die Themen der Lieder besingen die Frau, die Liebe, die Natur und den Alltag der Karibik-Bewohner. Banale Texte wie "Ich habe mein Kettchen verloren" wechseln sich ab mit politischen Manifesten wie "Ich möchte aufschreien, aber sie

lassen mich nicht..." Ein gutes Beispiel ist "La Zenaida" von Armando Hernandez:

"Am frühen Morgen verläßt Zenaida ihr Elendsviertel,
um reife Früchte zu verkaufen.
Zenaida hat hart zu laufen mit ihren Sandalen,
eine reife Frucht, die Frau der Straße,
Negrita aus dem Mangrovenwald, Ameise der Stadt...
Deine Frucht schmeckt mir nach Cumbia,
Cumbia meines Meeresstrandes.
Zenaida, tanz' meine Cumbia, tanz' meine Cumbia..."

Heute hat die Cumbia auch die Discotheken und Festivals der kolumbianischen Karibik-Küste erobert. Durch die vielen Radiostationen begleitet sie die Bewohner im Norden Kolumbiens in allen Lebenssituationen. Das wichtigste Cumbia-Festival findet jedes Jahr im Juni in El Banco / Magdalena statt. Eine der bekanntesten Cumbia-Gruppen sind die Corraleros de Majagual, begründet 1959 von Antonio (Toño) Fuentes, dem legendären Urheber von Discos Fuentes, dem größten Label für Musica Tropical in Kolumbien.
Der wohl bedeutendste Cumbia-Hit wurde im Jahre 1962 von Wilson Choperena komponiert und zunächst von Pedro Salcedo, in der Folge von allen wichtigen Cumbia-Orchestern interpretiert - "La Pollera Colora". Mit diesem Lied trat die Cumbia ihren Siegeszug durch das "kalte Land" (Tierra Fria) der Bergregionen Kolumbiens an und gelangte schließlich auch zu internationalem Erfolg.

Kleines Salsa-Lexikon:

Baião   Volkstanz aus dem Osten Brasiliens (Ceará, Maranhão und Bahia); wird von einer kleinen Gruppe mit Gitarre, Pikkolo-Flöte und Rhythmus-Sektion gespielt. Die Melodien sind oft in mixolydischer oder lydischer Tonart.

Batá   Percussion-Instrument aus Kuba. Zweiseitige Trommeln, die besonders in Kuba bei religiösen Anlässen Anwendung finden. Der Ursprung liegt beim Volk der Yoruba im heutigen Nigeria.

Bongos   Percussion-Instrument; Trommel. Ein Paar kleiner Trommeln, die normalerweise zwischen den Knien gehalten und mit den Fingern gespielt wird. Die kleinere wird Macho, die größere Hembra genannt. Die Bespannung besteht üblicherweise aus Ziegenleder. Der Macho wird in "c", die Hembra in "a" gestimmt.

Boricua   Bezeichnung für Puertoricaner/-in. Das Wort stammt aus der Sprache der Ureinwohner Puerto Ricos.

Borin-quen   Bezeichnung für Puerto Rico. Das Wort stammt aus der Sprache der Ureinwohner Puerto Ricos.

Borin-queño/-a   siehe Boricua

Bossa Nova	Ein im Süd-Osten Brasiliens entwickelter Musikstil, der Samba-Rhythmen mit jazzigen Harmonien mischt.
Caja Vallenata	Kolumbianische Handtrommel, die hauptsächlich in der typischen Vallenato Verwendung findet.
Campana	Percussion-Instrument (Spanisch: Glocke). Eine Glocke ('Kuhglocke'), die entweder am Timbales-Stativ befestigt oder in der Hand gehalten und mit einem Holzstab gespielt wird. Man unterscheidet Campanas sowohl nach Klang als auch nach Rhythmus: Es gibt z.B. Cha Cha und Mambo Campanas. Bei Salsa wird auf der Campana oft ein sehr regelmäßiger, sich durch das ganze Lied hindurchziehender Rhythmus gespielt (z.B. 1. und 3. Schlag des Taktes).
Cascara	Wie Palitos, aber speziell seitlich an den Timbales gespielt (insbes. bei Salsa-Bands).
Catá	Wie Palitos, aber speziell bei Rumba-Rhythmen auf einem Bambusstab gespielt.
Choro	1. Musikstil, der eng mit Samba verbunden ist und in Rio de Janeiro als eine Art entstanden ist, Walzer und Polka zu spielen. Das Tempo ist meist extrem schnell, mit Melodien, die 16tel Noten betonen.

2. Ein kleines Ensemble, das normalerweise aus Cavaquinho, Gitarre, siebensaitiger Gitarre, Klarinette, Posaune, Pandeiro und Surdo besteht, wobei einer der Spieler als Solist auftritt.

Clave-Rhyth-mus
Ein zweitaktiges Rhythmus-Muster mit fünf Noten. Die Clave ist die rhythmische Basis der afro-kubanischen, antillianischen und brasilianischen Musik. Es gibt verschiedene Clave-Rhythmen für verschiedene Arten kubanischer, brasilianischer und west-afrikanischer Musik, wobei die Betonungen auf 1,3,4,6 und 7 besonders verbreitet sind.

Claves
Percussion-Instrument. Ein Paar zylindrischer Hartholzstäbe. Die u.a. zum Spielen der Clave-Rhythmen benutzt werden.

Conga
1. Percussion-Instrument. Die wichtigste Handtrommel in lateinamerikanischer Musik. Meist ca. 72 cm hoch, besteht der komplette Satz Congas aus drei Trommeln mit unterschiedlichen Durchmessern und Tonhöhen: Quinto, Conga und Tumba. In Rumba-Ensembles wird jede Trommel von einem anderen Musiker gespielt, in heutigen Salsa-Ensembles wird in der Regel Conga und Tumba (Quinto eher selten) von einem Musiker gespielt.
2. (auch Tres Golpes) Handtrommel mittlerer Größe im Conga-Set, ca. 28 cm Durchmesser.

119

Cumbia	Der populärste Tanz und Tanzrhythmus Kolumbiens, der auch die weiteste Verbreitung in ganz Lateinamerika gefunden hat. Cumbia basiert zwar nicht auf Clave, kann aber wie viele andere Rhythmen auch 'in Clave' gespielt werden.
Frevo	Eine tanzorientierte Musik, die im vergangenen Jahrhundert dem Nordosten Barsiliens (Recife) entsprungen ist. Es werden Instrumente wie in Militär-Bands benutzt. Die Stücke können als hochgradig synkopierte, schnelle Märsche beschrieben werden.
Guagua	siehe Palitos
Guajira	Kubanischer Rhythmus und Musikstil, der eine oder zwei Tres, evtl. Klavier und langsame, sanfte Percussion umfaßt. Eine der bekanntesten Guajiras dürfte "Guantanamera" sein.
Guajiro/ a	Kubanischer Bauer. Kubanische Landleute werden Guajiros genannt, der Begriff ist nicht abwertend.
Guica	siehe Cuica.
Güira	Ein metallisches Instrument, das hauptsächlich in der dominikanischen Merengue benutzt wird. Der Klang wird durch Schaben eines gabelähnlichen 'Schabers' über die unebene (oft perforierte) Oberfläche erzeugt.

Güiro   Percussion-Instrument, das in ganz Latein-
              amerika benutzt wird. Es wird aus einem
              getrockneten und ausgehöhlten Kürbis herge-
              stellt, in dessen Oberfläche Rillen geschnitzt
              werden. Der Klang wird durch Schaben eines
              Stockes über diese Rillen erzeugt.

Güícharo Ein dem Güiro und der Güira ähnliches
              Percussion-Instrument, das allerdings kleiner ist,
              schmalere Rinnen aufweist und mit einem
              gabelähnlichen 'Schaber' gespielt wird.
              Hauptanwendungsgebiet ist die puertoricanische
              Musik.

Hembra   Die größere der beiden Trommeln eines Bongo-
              Paares.

Jibaro   In der Karibik gebräuchlicher Audruck für
              jemanden vom Lande, aus den Bergen... oft als
              einfach, unkultiviert und hart arbeitend
              angesehen. Manchmal wird einheimische
              karibische Musik bestimmter Richtungen als
              'Jibaro Musik' bezeichnet.

Macho   Die kleinere der beiden Trommeln eines Bongo-
              Paares.

Maracas	Handrasseln, die aus Kürbissen, Kokosnüssen, Holz oder Rohleder hergestellt und mit Bohnen gefüllt werden. In ganz Amerika wie auch in Afrika anzutreffen. In der modernen Salsa-Musik sind Maracas zu einem der wichtigsten Instrumente geworden, da sie im hochfrequenten Spektrum einen treibenden Puls einbringen. Ihre Wichtigkeit in der Salsa ist vielleicht am ehesten mit der Rolle von 'Hihat' und 'Snare Drum' vergleichbar. Maracas stammen übrigens nicht aus Afrika, sondern von den Ureinwohnern Mittelamerikas.
Meren-gue	Dominikanischer Rhythmus und Tanz. Der Tanz besteht aus einem extrem einfachen 2-Schritt Grundschritt im gleichmäßigen Rhythmus. Dieser wird allerdings erst durch die richtige und der Bewegung gegenläufige Hüftbewegung zur Merengue – worin auch die größte Schwierigkeit beim Erlernen besteht.
Palitos	(auch Guagua, Cascara, and Catá; Spanisch: Stäbchen) Zwei Stäbchen, die bei der Rumba gegen die Seite einer Trommel geschlagen werden. Die so gespielten Rhythmen sind einfache Abwandlungen der Clave. Sie erfüllen die gleiche Aufgabe, indem sie während der gesamten Melodie das gleiche Zweitaktmuster ohne Variationen spielen.

Quinto	Die kleinste Trommel des Conga-Satzes mit der höchsten Tonlage. Ca. 26 cm Durchmesser.
Rueda	Kubanischer Gruppentanz (ähnlich dem amerikanischen Squaredance), in dem mehrere Paare zusammen tanzen. Siehe http // salsarueda.com und http://www.salsaweb. com/dance/articles/ready/casino_rueda.htm.
Salidor	siehe Tumba.
Salsa	Eine Mischung verschiedener karibischer Rhythmen und Musikstile, stark vom kubanischen Son beeinflußt. Entstanden in New Yorks 'El Barrio' während der 50er und 60er Jahre, verbreitete sich die Salsa zunächst in Amerika (Nord-, Mittel- und Südamerika) und später auf der ganzen Welt. Wichtige Instrumente sind Timbal, Conga, Bongo, Claves, Maracas (alle Percussion), Trompete / Posaune und 'Latin Piano'. Der Grundschritt des Tanzes besteht grundsätzlich aus zwei mal drei Schritten (auf zwei 4/4 Takten) im schnell-schnell-langsam Rhythmus, wobei es zur Zeit 6 Variationen gibt.

Samba	Ein Tanz und eine tanzorientierte Musikrichtung, die Anfang dieses Jahrhunderts in Rio de Janeiro, São Paolo und Bahia enstand. Die Lieder sind durch einfache, aber hochgradig synkopierte Melodien mit Betonung auf dem zweiten Taktschlag gekennzeichnet.
Son	Rhythmus und Tanz aus Kuba. Die kubanische Wurzel der heutigen Salsa.
Son Montuño	(Spanisch: 'Berg-Son', aber auch der 'normale' Son kommt aus den Bergen) Ein Son, der mit der Coro-Sektion beginnt, also nicht mit einer Einleitung oder Strophe.
Surdo	Eine Baßtrommel die mit schweren Schlegeln gespielt wird. Liefert den Grundrhythmus in der Samba.
Tambora	Die Tambora ist eine kleine, zweiseitige Trommel afrikanischen Ursprungs mit Ziegenfellbespannung, die eingeklemmt zwischen den Knien linkshändig geschlagen und rechtshändig mit einem kleinen Schlegel (bollilo) gespielt wird. Sie wird hauptsächlich im Merengue benutzt.
Timba	Moderner Salsa-Stil aus Kuba, siehe auch http://www.sastom.demon.nl/index.html.

Timbales	Typisches Salsa-Schlagzeug, das aus zwei stimmbaren Trommeln (unterschiedliche Tonhöhe), zwei Kuhglocken ("campanas"), Becken und eventuell einem Holzblock besteht. Wird mit zwei Stöcken gespielt.
Tres	(Spanisch: drei) Kubanische Gitarre mit drei Saitenpaaren.
Tres Golpes	siehe Conga.
Tumba	(auch Salidor) Percussion-Instrument; die größte Trommel des Conga-Satzes mit der niedrigsten Tonhöhe, ca. 30-31 cm Durchmesser.
Tumbadora	Kubanischer Ausdruck für Congas.
Tumbao-Rhythmus	Der wichtigste Rhythmus für Congas, wird auf Tumba und Conga gespielt.
Vallenato	(Spanisch: Babywal) Musikstil von der Atlantikküste Kolumbiens. Vallenato bezieht sich eher auf eine Orchestrierung als auf einen speziellen Rhythmus. Eine traditionelle Vallenato-Gruppe besteht aus Akkordeon, Guacharaca und Caja Vallenata. Sie spielen meistens die Rhythmen Son, Paseo, Merengue (6/8) und Puya.

Discografie:

Nachfolgend haben wir einmal die "Klassiker" aufgelistet. Natürlich gibt es viele andere gute Bands, und besonders das Internet ist eine tolle Quelle guter Salsa-Musik. Aber für den "Salsaholic" kann es ja nicht genug gute Musik geben, und die Klassiker haben sicher ihren eigenen Reiz. Manche der folgenden Musikempfehlungen sind übrigens mehr zum Hören als zum Tanzen geeignet. Hört einfach mal durch!

Interpret	Publikationen (Titel, Verlag, Bestellnr.)
Baretto, Ray	Acid. Fania SLP 346 Hard Hands. Fania SLP 362 Charanga Moderna. Tico SLP 1087
Bataan, Joe	Salsoul. Mericana XMS-124
Colon, Willie	Guisando. Fania LP 370 The Good, the Bad, the Ugly. Fania XSLP 00484 (with Yomo Toro) Asalto Navideno. Fania SLP-399 (with Mon Rivera) There goes the Neighborhood. Vaya JMV 42
Concepcion, Cesar	La Plena y el Bolero de Puerto Rico. Carino DBMI-5807
Cortijo, Rafael	Maquina de Timepo. Coco CLP-108 (with Kako) Ritmos y Cantos Callejeros. Ansonia SLP 1477
Cruz, Celia and Tito Puente	Alma con Alma. Tico SLP 1221
Cruz, Celia and Johhny Pacheco	Celia & Johnny. Vaya XVS 31
Curbelo, Jose	Los Reyes del Mambo. Carino Records DBMI 5809
Fania All Stars	Live at the Red Garter, Vol 1. Fania SLP 355
Gillespie, Dizzy	Afro-Cuban Bop. Jazz Live (Italy) BLJ 8028

Interpret	Publikationen (Titel, Verlag, Bestellnr.)
Gonzalez, Jerry and the For Apache Band	The River is Deep. Enja 4040
Harlow, Larry	Gettin' Off. Fania SLP 334 Salsa. Fania SLP 00460 Tribute to Arsenio Rodriguez. Fania SLP 00404
Irakere	Chekere Son. Milestone M 9103
Machito	Afro-Cuban Jazz. Verve VE 2-2522 Machito.Mericana MYS 110 Afro-Cubop. Spotlight SPJ 138. Soul of Machito. Cotique CS 1019
Pacheco	Pacheco Presents Monguito. Fania LP 341 Tres de Cafe y Dos de Azucar. Fania LP 00436
Palmieri, Eddie	Mozambique. Tico SLP 1126 Justicia. Tico SPL 1188 The Sun of Latin Music. Coco CLP 109xx Patato y Totico. Verve V 6-5037
Ponce, Daniel	Arawe. Antilles New Directions 8710
Puente, Tito	Ran-kan-kan. RCA Camden AC6 1-0457 Para los Rumberos. Tico CLP 1301
Rivera, Mon	Mon y sus Trombones. Vaya JMVS 54
Rodriguez, Arsenio with Chano Pozo	Legends of Afro-Cuban Music. SMC 1152
Rodriguez, Pete	I Like it Like That. Tico 7227 (Bugalu)
Rodriguez, Tito	Live at the Palladium. West Side Latino L31067
Totico y sus Romberos	Monturo MLP 515

Abkürzungsverzeichnis:

Kürzel   **Bedeutung**

LF   Linker Fuß
RF   Rechter Fuß
LA   Linker Arm
RA   Rechter Arm
LH   Linke Hand
RH   Rechte Hand
TH   Tanzhaltung
OTH   Offene Tanzhaltung
GTH   Geschlossene Tanzhaltung
BF   Beide Füße
GS   Grundschritt
CU   Cucarachas
CUV   Cucarachas versetzt
HH   Hand to Hand
CBL   Cross Body Lead
SDD   Solodrehung der Dame
OS   Ochos ("Ocho" = Spanisch "acht")
KB   Korb
H   Herr
D   Dame
TS   Taktschlag
i.d.R.   in der Regel